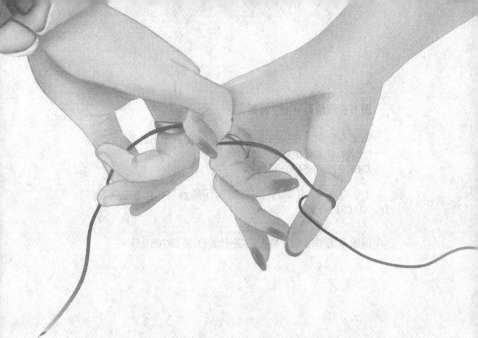

HUNYIN XINLIXUE

婚姻心理学

你要的是幸福还是对错

于思成◎著

文匯出版社

图书在版编目 (CIP) 数据

婚姻心理学：你要的是幸福还是对错 / 于思成著
. — 上海：文汇出版社，2021.6
　ISBN 978-7-5496-3526-9

　Ⅰ. ①婚… Ⅱ. ①于… Ⅲ. ①婚姻 - 社会心理学
Ⅳ. ① C913.13

中国版本图书馆 CIP 数据核字 (2021) 第 087055 号

婚姻心理学：你要的是幸福还是对错

著　　者 / 于思成
责任编辑 / 戴　铮
装帧设计 / 天之赋工作室

出版发行　文匯出版社
　　　　　上海市威海路 755 号
　　　　　（邮政编码：200041）

经　　销 / 全国新华书店
印　　制 / 三河市龙林印务有限公司
版　　次 / 2021 年 7 月第 1 版
印　　次 / 2024 年 2 月第 3 次印刷
开　　本 / 880×1230　1/32
字　　数 / 128 千字
印　　张 / 7

书　　号 / ISBN 978-7-5496-3526-9
定　　价 / 39.80 元

自 序

钱钟书在《围城》中写道：围在城里的人想逃出来，城外的人想冲进去。

现在，很多人缺少爱的能力和勇气，对异性和婚姻都存在严重的恐惧心理；也有很多人以为遇到了真爱，最后却发现爱上了不该爱的人，步入错误的婚姻，后悔一生；甚至一些人认为婚姻是一个禁忌，把它视为对自由的禁锢，更把它看作爱情的"坟墓"。

还有些人在爱得轰轰烈烈或是感情到了水到渠成的时候，走进婚姻的围城。他们对婚姻充满期待，然而，慢慢地却发现经营婚姻并不容易，伴随生活琐事的繁杂枯燥、生活压力的接踵而来，以及激情的褪去、新鲜感的缺失，婚姻的色彩逐渐暗淡下来，随之而来的可能是争吵、疏离、冷漠、厌恶，甚至是出轨、暴力。

面对这一切，他们彷徨迷茫，曾想逃避也想过反抗，最终只能在生活中逶迤前行。可是，他们似乎忘记了，就像爱情不可能永远都是浪漫和甜蜜一样，婚姻也不会永远是一地鸡毛和焦头烂额。

这个世界上真的存在美好的爱情和婚姻，他们经历了甜美的爱情，步入幸福的婚姻殿堂，一直与伴侣在爱好、脾气、观念上保持着一致，最后牵手阅尽人间千帆过，携手历经世间环环相扣的美好。

也许你会怀疑，为什么自己会爱上不该爱的人；也许你会哀怨，为什么要我承受婚姻的不幸……但是，我们需要明白：婚姻是一场修行，幸福没有捷径。从爱情到错爱，从彷徨到选择，从期待到恐慌，从甜蜜到背叛……其实，这些都取决于我们自己。选择什么样的爱情，和什么样的人结婚，如何经营好婚姻、远离伤害，主动权也掌握在我们自己手中。

所以，我们应积极改变、修炼、完善自己，提升自己爱的能力和技巧。同时，积极寻找获得幸福婚姻的有效方法，一方面把爱保存在心间，学会沟通、节制，懂得如何让爱情保鲜；另一方面，对伴侣多些宽容、理解、信任，如此一来，不管是七年之痒还是十年之痛都不会来临，反而让生活艳阳高照、鲜花盛开。

本书用简洁而又睿智的语言，剖析了一些发生在我们身边的真实案例，给出一些解决两性或婚姻关系中出现问题的方法，目的是引导大家选择科学的方式守护自己的婚姻，防止婚姻出现危机，并在出现婚姻危机时能够有效挽救。

阅读本书后，不管您和伴侣目前的关系如何，我相信，您的爱情和婚姻的弹性、质量将大大提升，最终迎来幸福和美好。

目 录
Contents

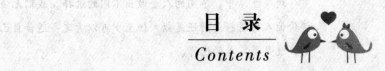

重要？甜蜜浪漫重要，还是踏实本分重要……

现实生活中，不同的人会做出不同的选择。我们无法评价他人的选择是对还是错，但至少可以肯定：适合自己的，就是最完美的选择。

第3章　围城恐慌

——闪电加入恐婚族，你究竟为何对婚姻如此打怵

不想结婚，成为很多年轻人的心理状态。在他们看来，结婚意味着失去自由，还要面临各种关系、琐事、压力，自己为什么要自讨苦吃呢？

然而，他们不知道结婚也意味着幸福、温暖、相知、相伴。爱情和婚姻是两码事，但绝不是对立的。

第4章　控制失格

——因为我爱你，婚姻成为对抗不息的博弈

爱情和婚姻中，"我爱你"三个字一旦成为企图要挟、控制、改变对方的理由和借口，婚姻迟早会失去平衡，走向不幸和毁灭。

第5章　冷漠反射

——结婚七年，是什么让彼此越来越冷淡

感情里最可怕的不是争吵，而是冷漠，因为争吵意味着彼此还有沟通，还愿意向对方表达想法。一旦一方开始冷漠，连争吵都不愿意，爱就没了，感情就淡了，只剩下疏离和冷淡。

第6章　沟通错位

——婚姻的世界，容不下无法共情的宣泄

生活中，许多人感叹婚姻的不幸，叹息爱情的伤逝，他们觉得婚姻真的是爱情的坟墓。之后，吵架、冷战、孤独、争斗，这些婚姻之路上的敌人就会接踵而来，让他们焦头烂额……归根结底，这些危机其实有一个共同的根源，那就是沟通错位。

第 7 章　心灵虐待

——不吵架的夫妻，未必就会白头到老

爱情与暴力原本是截然相反的两个词，不幸的是，在许多人的婚姻生活中，它们无可避免地纠缠在一起，演变出新的名字：家庭暴力。这个词足以让所有婚姻中的男人、女人战栗，因为它总是披着各种各样的外衣，让我们防不胜防。

第 8 章　婚外释欲

——Ta 寻找了灵魂伴侣，你该挽救还是别离

或许平淡枯燥是婚姻最大的天敌，促使一方开始在婚外找刺激；或许一方的欲念太多，不知节制，没有逃脱婚外之情的诱惑。这时候，作为受害者的你，是选择挽救还是别离？

其实，不管你如何选择，关键在于自己的心，不违心，不委屈，把对自己、孩子、家人的伤害降到最低才最明智！

第 1 章　抑欲木僵

——为什么你找不到爱与被爱的快感

　　爱和被爱，都是一种幸运和幸福。可是，很多人好像缺少爱的能力和勇气，内心似乎有一道鸿沟，阻碍自己爱人和享受他人的爱。

◆ 爱情，到底是个什么东西

这天，陈湘和相恋五年的男友分手了。晚上，她约了几个朋友去 KTV 喝酒、唱歌，"庆祝"自己恢复单身。

陈湘一边歇斯底里地唱着情歌，一边大口地喝着啤酒。她本身酒量就不好，没一会儿，几瓶啤酒下肚，便开始变得有些醉了。

这时候，陈湘借醉酒把压在心底的情感彻底爆发出来。她宣泄似的大哭大闹起来，嘴里不停地说着自己的委屈："我和他在一起 5 年了，从来没有听他对我说过'我爱你'三个字。有时候，我强迫他对我说'我爱你'，他也说得不情不愿。我现在终于想明白了，他就是不爱我，所以才不会对我说情话，而这也不是我想要的爱情……"

陈湘和男友李安是大学同学，她从见到李安的第一眼起，就不可自拔地喜欢上了他。

陈湘是个勇敢的行动派，喜欢了就会大声说出口。当她找到机会向李安表白时，令她意想不到的是李安竟然答应了。就这样，两人确定了恋爱关系，成为人人羡慕的校园情侣。

一眨眼，陈湘和李安走过大学四年。毕业后，两人去了同一座城市，一起进入职场打拼，憧憬着美好的新生活。因为生活方式上的骤然改变，也因为接触到的人群不再相同，渐渐地，陈湘开始怀疑李安到底爱不爱自己，自己和李安之间的感情究竟是不是爱情。

情人节、七夕节或是爱情纪念日等表达爱意的节日里，办公室里未婚的、已婚的女性都会收到来自爱人的鲜花或礼物，朋友也会在朋友圈晒爱人的表白、收到礼物的惊喜或浪漫的约会。回想这些年来，李安只会在陈湘生日那天送上礼物，在其他节日则没有一点儿动静。

拿求婚这件事来说，别人的求婚都是创意满满、浪漫不已，恨不得向全世界的人宣告他们爱的誓言。可是，李安不但没有这些惊喜和浪漫，甚至根本没有向陈湘求过婚，只是随便地询问她想什么时候结婚，然后直接问她想要什么样的婚礼。更重要的是，她发现这些年来李安从来没有对自己说过爱的甜言蜜语。

陈湘和李安分手的前一天是七夕节，陈湘要求李安对自己说"我爱你"三个字，并让他在社交账号上发布一条对自己表白的动态。

　　李安敷衍地对陈湘说了一句"我爱你"，但怎么都不愿意发布动态。为此，陈湘既生气又难过，开始质疑他们之间的感情究竟是不是爱情。最终，她伤心地向李安提出分手，然后约了几个朋友出来喝酒、唱歌，发泄内心的悲伤。

　　最后，陈湘喝得酩酊大醉。当朋友问她还爱不爱李安了，她依旧给出肯定的回答，并且伤心地说："若是不爱，我就不会如此伤心！"

　　爱情究竟是什么？爱情是一种情感，具体体现为依恋、向往、亲近、无私等。当我们对陌生的异性产生依恋、向往、亲近之心，并能为对方无私奉献时，爱情的种子就已悄然发芽。

　　爱情可以发生在个体与个体之间，也可以发生在一个人身上，所以两个人相恋是爱情，一个人单恋也是爱情。

　　李安爱陈湘吗？当然是爱的。

　　在陈湘提出分手的那一刻，李安并没有同意。他清楚地知道陈湘为什么会提分手，所以妥协了，他马上在自己的社交账号上发布了一条对她表白的动态，并且想方设法地挽回这段感情。

　　陈湘爱李安吗？当然也爱。哪怕陈湘已经提出分手，她的内心依然爱着李安，会为爱买醉，伤心不已。

　　所以，当李安开始妥协并想办法挽救爱情的时候，陈湘也选择了复合。经历了这一次分手事件，李安开始改变自己的情感表达方式，两人的感情也增进许多。

事实上，迄今为止，没有人能够具体、明确地阐释出爱情究竟是什么。就像对于《哈姆雷特》的解读，1000 个人就有 1000 种理解，对于爱情，每个人的理解也并非一样。所以，有时候，当恋人的表现与你期待的爱情模样不一致时，也不能说明对方不爱你。

为什么人对爱情的理解有所不同呢？其实，这与我们生活的环境、性格、表达情感的方式等因素息息相关。因为对爱情的见解不同，所以对爱情的期待、需求也有所不同。

陈湘是个性格外向、果断勇敢的姑娘，她想要的是轰轰烈烈的爱情，希望李安能够勇敢地把爱说出口。当李安对她说"我爱你"这些甜言蜜语，在重要的节日里制造爱的惊喜时，她才能感受到被爱的愉悦和甜蜜。

李安是个性格内向的大男孩，眼里的爱情是内敛的，是细水长流的。他不愿意将"爱"字挂在嘴上，更愿意用实际行动向陈湘表达爱意。所以，在大学期间，他会辅导陈湘的课业、帮她打饭送水、在她冷的时候为她披上外套、在寒暑假先送她回家然后自己再回家……

步入社会，他努力工作赚钱，不希望陈湘太辛苦，并为两人的将来作打算，想办一场让陈湘满意的婚礼……他在用自己的实际行动诠释对陈湘的爱。

虽然每个人对爱情的见解、要求不同，但真正爱情的特质是相同的——爱情是甜蜜的，也是苦涩的。没有一段爱情全程甜蜜，与恋人相处时也不可能永远如胶似漆，总会发生一些矛盾和争执。

爱情是一种责任感。或许很多爱情始于容颜、荷尔蒙的激情冲动，但是当你发现伴侣身上的缺点后依然能够不离不弃，这就是真正的爱情。

爱情需要沟通和理解，需要彼此的妥协。

　　陈湘和李安彼此相爱，但是不懂得表达自己的感受，不会好好地沟通，以至于发生了矛盾和误会。好在两人及时做出了改变：当陈湘明白李安的爱情是内敛之情后，不再要求他将爱说出口；李安明白陈湘希望的爱情是热烈的、浪漫的之后，也学习着尽量表现出来，制造一些小情趣和浪漫。

　　爱情是一种长情的守候。如同结婚时的庄重宣言：无论贫穷或富贵，无论身体健康或不适，无论容颜美丽或逝去，都愿意携手相伴一生。

　　爱情也是如此，无论伴侣变成什么模样，我们都愿意与他（她）走到生命的尽头。所以，不管你和伴侣的个性、性格如何，只要能真心去爱、用心去爱，就可以收获真正的爱情。

◆ 坠入爱河，究竟是一种怎样的体验

　　赵晓是个温柔、美丽的姑娘，进入公司第一天，同事邵梁就被她所吸引。在以后的日子里，邵梁会以各种借口接送她上下班，在周末约她吃饭、看电影，在节日里给她准备小惊喜。

　　不过，邵梁从来没有向赵晓表白过，这也使得赵晓捉摸不

透邵梁对她的感情，也弄不清楚自己对邵梁的情感。所以，到目前为止，两人都处于暧昧的状态——友达以上，恋人未满。

但是，在旁人看来，邵梁和赵晓早已坠入爱河。

首先来说一说邵梁。邵梁是个理工男，不太在意自己的外表，没有认识赵晓之前，他每天都穿着运动鞋、牛仔裤、T恤衫上班，头发经常不修理，给人一种不修边幅的感觉。但是，他认识赵晓之后，每天他都会将头发打理得根根分明，身上穿的每一件衣服、脚上穿的鞋子也都经过精心搭配。现在，整个人看上去就是一位职场精英，非常有吸引力。

邵梁单身时很爱睡懒觉，几乎每个工作日都踩点到公司，还偶尔迟到。哪怕领导批评了他很多次，他也改不了这个坏习惯。自从他认识了赵晓，他就养成了早睡早起的好习惯，每天都能在闹钟响起之前起床，因为他需要从城南开车到城东接赵晓一块儿上班。

之前，很多朋友认为邵梁会"注孤生"，因为他身上有个特别大的缺点，就是说话直白，一点儿不会顾及别人的感受。比如，跟女性朋友相处时，他会直接说出对方哪里不好，而不是委婉地指出。但是认识赵晓之后，尤其是跟赵晓说话时，他总是斟酌再三才开口，说出来的话语也能让人如沐春风。

至于赵晓，虽然没有弄清自己对邵梁的感情是怎么回事，但是一言一行都昭示着她已经坠入爱河。

比如前段时间，邵梁要做一份加急的策划方案，领导希望有同事能留下来和邵梁一起加班。几个同事互相看了几眼，各自说着无法加班的理由。这时候，赵晓突然举手表态，说她晚上有空能留下来加班。

其实，那天是赵晓的生日，她已经和父母约好一块儿庆生，但是想到邵梁要孤零零地一个人加班，便想也没想就选择留下陪他。

再来说一说赵晓。之前，赵晓习惯了素颜出门，在穿着上不会花过多心思，只求简单、干净。但是认识邵梁后，她开始捣饬起美妆，比如去做好看的指甲、修一修眉毛、涂一个很提气色的口红等。尤其是她和邵梁出门吃饭、看电影时，更会精心打扮自己。她不清楚自己为什么会突然注重外貌，只是一心想给邵梁留下好印象。

赵晓虽然个性温柔，但也有一些小性子，很多时候会不分场合地发作，比如她很不喜欢别人碰她的东西。有一回，她买了一个漂亮的马克杯，有个同事觉得漂亮就拿起来欣赏一下。赵晓竟然毫不客气地夺回杯子，然后拿出湿巾将杯子里里外外擦拭了一遍，这个举动无疑让同事尴尬不已。但是赵晓认识邵梁后，她会有意识地控制自己的小性子，不想在邵梁面前暴露缺点。俗话说，"旁观者清，当局者迷"。虽然邵梁和赵晓不清楚彼此之间是否产生了爱情，但在旁人眼里，他们早已坠入爱河。

爱情就像冬日里的阳光，照在身上，能让人觉得暖洋洋的；爱情又像夏日里的柔风，轻轻吹过，能将人那颗燥热的心瞬间凉爽。爱情是无形的，看不见，摸不着，但能够让人感受到。

那么，坠入爱河究竟是一种怎样的体验呢？

坠入爱河时，我们会对对方产生好感，不自觉地悸动——看不见对方的时候，会十分想念，打开手机看看对方是否发来短信，回想与对方相处的美好时光；看见对方的时候，又会莫名紧张、害羞，但内心是欢喜雀跃的。我们会觉得与对方在一起的时间是那么短暂，恨不得时间能够暂停，与对方分别时则恋恋不舍。

坠入爱河时，我们会用欣赏、崇拜的眼光看待对方。比如，对方的言行很幼稚或在他人看来难以理解，但在你看来却是完美、可爱的。又如，对方各方面的素质明明很普通，外表也不出众，但在你看来却是无人可比的。这就是"情人眼里出西施"的最好证明。

坠入爱河时，我们会迫切地想把最好的自己呈现在对方面前。就像邵梁和赵晓，他们会精心打扮自己，也会收敛和克制自己的行为和情绪，力求在对方面前呈现完美的形象。

坠入爱河时，我们会变得患得患失，猜测对方言行背后的深意。比如，对方的情绪不好，你就会想是不是自己造成的，迫切地想要弄清楚对方心情不好的原因；对方忽然有一天没有了消息，你的内心会惶恐不安，想要急于联系对方弄清楚是怎么回事。

坠入爱河时，我们不希望对方与异性有过密的接触。因为爱情是自私的，尤其是对刚刚陷入爱河的人来说更为霸道，占有欲更强，会变得很不像平时的自己；看到对方跟异性畅聊，因为对方拒绝与自己的约会，你的内心会无比嫉妒，做出很多不可思议的事情。

坠入爱河后，我们会为对方改变自己，因为爱一个人就会以对方为中心，为了对方做出改变。比如，你爱的人喜欢节俭，你就会为了对方而努力改掉铺张浪费、花钱大手大脚的习惯。

这些坠入爱河的体验，对坠入爱河的双方来说都是通用的。

徐志摩在《再别康桥》中写了一句很唯美的诗："悄悄的我走了，正如我悄悄的来；我挥一挥衣袖，不带走一片云彩。"

爱情的来临是静悄悄的，稍不留意就会溜走。所以，我们要留心观察身边的人，仔细审视自己的内心，若是发现自己有上述"症状"，就好好地抓住和享受爱情，不要因为自己的懵懂而错失爱的人。

◆ 异性恐惧症，心底无法言说的伤痛

李笑是个长相漂亮、气质温婉的女孩，事业发展得也很不错。可以说，她这样的女孩应该是很多男性追求的对象，但事实上，已经 28 岁的她感情依然没有着落。

其实，李笑在大学毕业后有过一段为期一年的短暂婚姻。

离婚后，同事和朋友总是会时不时地给她介绍异性朋友，但每次她都如临大敌，用各种理由拒绝。

前不久，李笑参加了闺蜜的婚礼，发现身边的朋友不是已经结婚，就是有了稳定的交往对象。这让她开始正视自己的感情问题，想了很久后，她决定开展一段新的恋情。

朋友给李笑介绍了一名优质男性。看到男方的照片后，李笑觉得很合自己的眼缘，男方也不介意她有过一段婚姻。于是，双方约好在一家西餐厅见面。

双方见面这天，李笑特意精心打扮了一番，漂亮之外也很有气质。当她走进餐厅，看到男方向自己招手时竟然不自觉地紧张起来，有些局促不安。当她走近桌边，男方忽然站起来并向她走来，她脸上的笑容僵住了，不自觉地向后退了几步，双手抱紧皮包。

男方见李笑的反应如此大，虽然有些疑惑，但还是绅士地说："你不要紧张，我只是想为你拉开椅子。"尽管如此，李笑依然没有放松下来，忐忑不安地坐在椅子上，抓起桌子上的水杯喝了一口。

聊天的过程中，李笑始终低着头，不敢跟男方有目光上的接触，没有主动说一句话，只是男方问什么就回答什么。男方给她递餐具或纸巾时，她也表现得很紧张，满是防备和抗拒。

用餐结束后，男方提出送李笑回家，但被李笑毫不犹豫地拒绝了。

这次见面后，男方没有再联系李笑。其实，李笑对男方的印象很不错，觉得可以进一步了解，但是她没有勇气直接联系对方，而是让朋友询问对方的想法。男方给出这样的回答："一番接触下来，我发现女方似乎并不喜欢我，并且表现出很抗拒的样子。"

李笑得知后，不由苦笑起来。

在此之后，李笑又与几个男性见过面，但每次都没有下文。渐渐地，李笑也知道问题不在男方身上，而是在自己身上——虽然自己想开始新的感情，但是控制不住对异性的恐惧。

明白是自己的心理出现问题之后，李笑去看心理医生，被告知自己患上了异性恐惧症。之前同事、朋友给李笑介绍男性时，她之所以果断拒绝，也是因为异性恐惧症在作祟。

异性恐惧症是一种心理疾病，患者会在潜意识中渴望与异性接触，但又会因和异性接触产生焦虑心理。这种焦虑表现为紧张、恐惧，甚至会出现异性关系妄想等心理症状。

生理上表现出来的症状，有口干舌燥、出汗、发抖、脸红等。因为紧张，异性恐惧症患者总是觉得自己很渴，并用喝水的举动缓解自己的尴尬与紧张。在与异性接触时，异性恐惧症患者的神经通常是高度紧绷的，身体控温系统失衡，额头、鼻尖出汗。当感到过度紧张和恐惧时，他们会控制不住自己的手脚，出现浑身发抖、脸红、心悸的状况。

异性恐惧症是一种心理疾病，患上这种病的人，虽然潜意识中渴望与异性接触，但又会在与异性接触时产生恐惧和焦虑的心理。如果你也有这样的状况，一定要尽早治疗。

身体上表现出来的症状，首先是不敢与异性有目光上的接触。异性恐惧症患者与异性交往时总是低着头，不敢看对方的眼睛。当不小心跟异性的视线对上时，会面红耳赤、慌乱不已，并立马移开视线，四处张望。

其次，这种人不敢与异性交谈。在与异性交谈时，从不主动找话题，总是异性问一句答一句，回答时会表现得局促不安、结结巴巴。

最后，这种人不敢与异性有肢体接触。当与异性有肢体接触时，身体会立马僵硬，表现得很不自然。当与异性的接触过于亲密时，会表现得非常抗拒，甚至做出过激的举动，如猛然推开对方、因恐惧而尖叫等。

那么，患上异性恐惧症的原因是什么呢？

李笑之所以患上异性恐惧症，与她失败的婚姻经历有关。李笑和前夫是大学同学，在大学恋爱期间，前夫对她非常宠爱，一度让她认为自己是世界上最幸福的女人。所以，大学刚刚毕业，她就选择与对方步入婚姻的殿堂。

然而，结婚之后，李笑发现丈夫变成了另一个模样，脾气暴躁、喜欢酗酒，每次喝醉了都会与她争吵，有时还会对她拳脚相向。婚后的每一天，她都生活在噩梦里，每天都担惊受怕、小心翼翼。

后来，李笑离婚了。但是，这段噩梦般的婚姻经历使得李笑害怕并抗拒与男性接触，渐渐地对男性产生恐惧和不信任感，甚至有了"男人没一个好东西""男人都靠不住"的思想，最终逐渐发展成异性恐惧症。

当然，患上异性恐惧症的原因有很多，可能是从小到大鲜少与异性接触，可能是在成长中对异性有极其不好的印象，也可能是在与异性交往、婚姻中的体验十分糟糕……可以说，每一个异性恐惧症患者的心中都有一抹无法言说的伤痛。

　　然而，不与异性接触，又怎能找到属于自己的爱情呢？

　　当我们发现自己与异性交往会有紧张和恐惧的情绪或症状时，就应审视自己是否要去看心理医生，检查自己是否患上了异性恐惧症。如果症状并不严重，仅仅是因为与异性接触有些紧张、恐惧，则需要正视自己的情感，改变自己的心态和思想，然后通过与异性多接触的方式，循序渐进地克服对异性的恐惧。

　　如果症状已经很严重，心理上有过巨大创伤，就需要进行心理治疗。一方面，需要做心理辅导，正视自己的心理创伤；另一方面，需要用药物来辅助治疗。

　　当然，最好的特效药是重新开启一段爱情，用爱和被爱的感受抹去心底的伤痛，克服对异性的恐惧。

◆ 为什么你总是觉得自己不配得到爱

　　李佩结束一天的工作后，收拾东西准备回家。同事刘远喊住她，脸上带着笑，嘴角边的酒窝使他看上去非常年轻，仿佛校园里的大学生一般。

刘远的手里拿着三张电影票，有些兴奋地对李佩说："最近新上映了一部口碑很好的动漫电影，你今天晚上有时间吗？我们带妮妮一起去看吧，妮妮一定会喜欢的！"

李佩冷冷地说："我晚上没有时间，妮妮也要学习，你还是找别人去看吧！"

刘远有些失落，但依旧温和地笑着说："没关系，我可以等你和妮妮有时间了再一起去看。"

李佩看了一眼刘远，嘴唇动了动，迟疑了一下没有说话。刘远再次开口想要送她回家时，她依然拒绝了。

刘远离开后，跟李佩关系要好的张姐忍不住问道："小刘长相帅气，性格又温柔，你干吗不接受他的追求呀！我告诉你，这样的人你不去珍惜，错过这个村就没这家店了。"

听了这话，李佩露出苦涩的笑。她知道刘远是个非常好的人，但是像她这样的女人还配得到爱情吗？

李佩今年 32 岁，有个 5 岁的女儿。在孩子出生的那年，丈夫在感情上背叛了她，并且毫不犹豫地提出离婚。李佩骨子里是个很保守的女性，她不愿意离婚。但是，即使她向丈夫表示只要他能回归家庭，可以既往不咎，可丈夫依旧选择抛弃她和孩子。

在去民政局领离婚证的那天，丈夫还说了一番至今让她自我质疑、难以释怀的话。丈夫说她是个无趣、不懂得浪漫的女人，是个糟糕的伴侣。之后，身边有个孩子的她，更不会得到爱情。

李佩离婚后，也有人追求过她，但是知道她离过婚且有一个孩子后，便纷纷放弃。这越发让李佩陷入自我否定，觉得自己很糟糕，不配得到幸福。当然，在这些追求者中也有一个例外，那就是刘远。

刘远比李佩小 5 岁，毕业于名牌大学，性格温和，长相也很帅气。李佩清楚地记得刘远刚来公司那会儿，很多年轻女孩追求他，对他示好。可是，他对那些女孩都不来电，反而被李佩吸引，并且展开不懈地追求——哪怕刘远知道李佩离过婚且有一个孩子，也没有退缩。

但是，李佩仍过不了自己内心的那一关，始终对刘远很冷淡，除了工作上的接触，几乎不给刘远任何机会。即便刘远直接表白，表示会照顾李佩和孩子，她也无情地拒绝了。

然而，人非草木，孰能无情？在刘远的追求与关心下，李佩的内心其实早已软化。

一次，刘远追问李佩："我明明感受到你已经对我有了感情，可为什么还要拒绝我呢？"李佩痛苦地对他说："我觉得自己不再配获得爱情，你很年轻、出色，值得更好的人爱你。

你还是放弃我吧，我们之间不会有结果的！"

刘远对李佩的话不以为然，他告诉李佩，每个人都有获得
爱情的权利，在他的心中，她就是最好的那个人。

爱情是一种情感，它可以发生在任何人的身上，每个人都
拥有获得爱情的机会和权利。然而，在现实生活中，有很多像
李佩这样的人总是觉得自己不配得到爱情，以至于拒绝去爱，
也拒绝接受别人的爱。这究竟是为什么呢？

其实，无外乎是以下几个原因。

比如，经历了数段爱情都没能修成正果，渐渐地就会质疑
自己是不是不配得到爱情。然而，这样的质疑是没有必要的，
因为这个世界有几十亿人口，想要在这么多人中一下子找到对

的那个人，概率极小。所以，很多人会在经历一些错的爱情后，才能找到那个会陪伴自己一生的人，甚至有的人在爱情里兜兜转转一辈子，也没有找到对的那个人。但是无论怎样，每个人都值得被爱，都能收获属于自己的、对的爱情。

又如，当一个人的内心无比自卑时，也会怀疑自己不配得到爱情。就像李佩，她不敢接受刘远，就是因为自卑心理在作祟——她会为自己的年龄而自卑，会为自己离过婚且有一个孩子而自卑。同时，她还受到前夫以及那些对自己避而不及的追求者的影响，真的认为自己是非常糟糕的一个人，不配拥有美好的爱情。

然而，事实真的如此吗？当然不是！前夫那些否定李佩的话，只是为自己的理直气壮掩饰罢了；追求者的放弃，只是存在思想偏见，并未真心爱上李佩而已。

李佩长得不错，性格温柔，但骨子里有着坚强和执着，对工作如此，对生活也是如此。面对丈夫的背叛和决绝，她伤心入骨，但是很快就振作起来。

单亲妈妈一人照顾孩子，日子过得很苦、很累，可是李佩从来没有抱怨过，也没有耽误工作，并且把自己和孩子都照顾得非常好。刘远之所以爱上李佩，正是被她身上这一份温柔和坚强所吸引。

可以说，李佩很优秀，值得更好的人来爱。问题就在于，她依旧带着前夫和其他人留下的伤疤，感到自卑，觉得自己不够好，认为没人会爱上自己。李佩还害怕继续受到伤害，害怕刘远也如其他人一般把自己的伤口扯得更疼。

刘远知道了李佩的心结，更加坚定了好好爱她的心，并且暗暗承诺：一定要给李佩幸福。他好好地跟李佩谈了一次心，让她知道自己的真心真意，也让她知道她自己真的非常优秀，值得被更好的人爱。

慢慢地，李佩接纳了刘远，并且开始接纳自己，勇敢地相信爱情、走入爱情。后来，李佩和刘远结了婚，又生下一个儿子。刘远平等地对待两个孩子，非常宠爱他们，一家四口过着美好的生活。

每当看着这个幸福的家，李佩都庆幸自己并未真正放弃爱情，还能再次勇敢去爱。

爱情具有不确定性，你可能会遭到背叛，可能会受到伤害。但是，请记住，他人的离开，不意味着你不配得到爱，更不意味着你是个糟糕的人。就算你身上真的有些缺点，也不要自我怀疑和否定，接纳、相信自己，不断让自己变得更好，更好的人和爱情自然随之而来。

到那个时候，你只需勇敢地去爱就好了！

◆ 创伤后，你要学会自己疗愈

林菀在北京经营着一家建材商店，生意一直不错，小有财富。然而，她的情绪一直处于不稳定状态，动不动就发脾气，时常一个人暗自哭泣。她认为身边没有人能够理解自己，自我价值感非常低，常常感叹生活过得毫无意义。

这段时间，林菀感觉自己已经无法控制情绪，每次情绪发作时就好像变成另一个人。她满脑子想的都是丈夫如何亏待她、骗她，甚至认为婆婆和丈夫就是自己的仇人，母子俩一直都在对付、坑害自己。

情绪来时如洪水猛兽，令她百般纠结；情绪去时，她又感觉自己好像疯了，不知为何会变成这般模样。这令林菀痛苦不堪。

其实，林菀之所以这样，与她的原生家庭有很大关系。

林菀出生在一个物质富足的家庭，父亲算得上当地的成功人士，但性格暴躁，唯我独尊，对林菀的管教非常严厉，经常责骂斥责，有时也会打她。母亲的脾气也不好，经常跟父亲吵架，气急之下就打骂林菀。

林菀从小就很怕父母，担心他们一不顺心就拿自己出气。

到了青春期，父母对林菀的管教更加严苛，不允许她单独出去玩，不管接触的是男同学还是女同学；规定放学以后必须准时回家，不许到处乱跑。这使得林菀从小就很乖顺，不谙世事，爱幻想。

刚刚工作那会儿，林菀结交了第一个男朋友，虽然父母明确表示反对，但她终于"勇敢了一次"——第一次反抗父母。

在父母的责骂声中，林菀离开了家，开始与男友同居。前面两个月，两人的关系还算融洽，之后就开始争吵不断。男友变得喜怒无常，时常骂她、羞辱她，甚至动手打她。她要离开他，他又开始忏悔，跪下来求她，情真意切，痛哭流涕。

每当这个时候，林菀就心软了，想到平时男友对自己真的很体贴，所以就选择了原谅。

这是林菀的初恋，她真的很珍惜这段感情。然而，男友总是时好时坏，好的时候处处体贴她、关心她，坏的时候简直不可理喻、不近人情。就这样，他们在一起相互折磨了6年，林菀再也无法忍受，最终提出分手。男友当然不愿意，但她决心已定。

　　林菀逃离了那座城市，孤身来到北京。两年前，她结识了现在的丈夫，他们很合拍，对彼此也有好感。她觉得这个人很可靠，性情温和，随着接触的增多、好感的增加，两个人确立了恋爱关系。第二年，他们步入婚姻的殿堂，组建了自己的家庭。

　　婚姻和爱情毕竟有所不同，林菀不再无忧无虑，而是被琐事、压力纠缠和困扰。这也勾起了她的回忆，影响了她的情绪——她之所以来到北京，就是想与过去做个了断，摆脱心中的阴霾。然而，这个阴霾越来越重，越想忘记，越挥之不去。为此，她常在梦醒时分轻轻抽泣，还会莫名其妙地对丈夫发火。

　　丈夫不理解林菀为什么会这样，关心地询问，可是她又不愿意讲，怕丈夫知道她的过去。有时丈夫保持沉默，她就更火大、更伤心——她会不知不觉地拿前任与现任做比较，总觉得现在的丈夫没有前任对她那样体贴、细心。她知道自己不应该这样做，但就是无法控制自己。

　　婆婆现在独自居住，母子两人自然会相互关心。考虑到母亲一个人生活可能会孤独，丈夫就经常打电话问候，陪她聊天。

　　就因为这一点，林菀非常烦恼、生气，认为婆婆抢走了丈夫对她的爱。渐渐地，她的嫉妒发展成猜疑，认为两个人如此频繁地通电话是在合谋要害她，开始怀疑丈夫当初与自己结婚是有所图，确切地说是为了她的钱。

冷静下来后，她也知道自己的想法不可理喻，但就是无法自控。

不可否认，林菀的遭遇是不幸的。过严的家庭教育，缺乏温情的成长环境，造就了她单纯无知的心，也在某种程度上注定了她的不幸经历。

透过人格特征，基本可以判断她的前男友具有偏执型人格障碍，可是她并不了解，忍受了 6 年不堪回首的折磨。在这 6 年中，她始终按照他的意愿做事，按照他的思想生活，几乎丧失了自我。同时，她还忍受着他的暴力、精神折磨。

虽然林菀猛然觉醒，断然离去，然而，她这样单纯如白纸的一个人已经被偏执的前男友所影响，她的人格被同化了，变得敏感、多疑、自我为中心甚至是神经质。她的依赖性非常强，希望被关注，但几乎不愿相信任何人。

其实，林菀表现出来的是典型的创伤后遗症，带有很强的偏执色彩，既跟别人较劲，也跟自己较劲——以往的不幸，在她内心留下了严重的创伤，大多时候，她在本能地压抑对这件事情的气愤与恐惧，而结婚后的家庭生活则激起她对那次创伤的回忆，以至于无法自控。

　　客观地说，有过异常痛苦的经历，这个人可能会产生一点儿偏激的想法，这是正常的。但是说说狠话、发泄一下就算了，我们千万不能让这些痛苦停留在自己的潜意识中，使之成为挥之不去的阴影。同时，不能自我怀疑，更不能失去信任的能力。

　　在这个世界上，最可怕的心理问题就是不信任。一个人如果不信任这个世界，就等于把自己隔离在这个世界之外，偏执、孤独、焦虑、痛苦就会随之而来。

　　我们需要内省，正视自己的心理障碍，主动接受治疗并做好自我调节。只有这样，才能让自己从阴霾中走出来，成为心灵上的强者。

第 2 章　选择障碍

——甲之蜜糖，乙之砒霜，他是信仰还是绝望

　　喜欢重要，还是合适重要？经济条件重要，还是感情重要？甜蜜浪漫重要，还是踏实本分重要……

　　现实生活中，不同的人会做出不同的选择。我们无法评价他人的选择是对还是错，但至少可以肯定：适合自己的，就是最完美的选择。

◆ 是友情还是爱情，你是否真的拎得清

西西和刘飞是大学校友，一次在学校组织的老乡会上认识了。因为是老乡，聊得又比较投机，顺理成章地，他们留下了彼此的联系方式。

一开始，西西并没有对刘飞产生任何特别的感觉，只是当作老乡和朋友来相处。不过，学校经常组织联谊会，西西所在的宿舍和刘飞的宿舍也成为联谊宿舍，常常有聚会活动，中间也成就了两对恋人。西西和刘飞却始终没有"来电"，都把对方当作关系非常好的"铁哥们儿"。

毕业之后，机缘巧合，找工作的时候，西西和刘飞竟然收到同一家公司的录取通知。虽然不在同一个部门，但第一份工作就能跟好朋友在一个单位，西西真的非常开心。

从那之后，西西和刘飞的联系就更多了。因为关系好，两人日常相处的模式就是"毒舌"加"互怼"，倒也其乐融融。

一次，西西要到马来西亚出差，这是她第一次出国，事前

做了好多准备工作，唯独忘记给手机开通国际漫游服务——一下飞机，手机就没了信号。悲剧的是，想要蹭机场的 Wi-Fi 时发现需要短信验证，没有信号就收不到短信，这个死循环让西西特别抓狂……

好不容易撑到晚上 11 点多到了酒店，西西才蹭到网联系朋友帮忙开通手机漫游服务。这时，她毫不犹豫地选择了刘飞。

给刘飞留言之后，西西又跑去外面买东西。人生地不熟，她回来时绕了好大圈，还差点儿迷了路。等她躺在床上时已经到了凌晨，连上 Wi-Fi 后，微信瞬间蹦出来一大堆消息，原来刘飞收到留言后就联系不上西西了，内心很着急，所以连发了很多信息。

第二天早上醒来，西西又收到刘飞的消息，原来他熬夜搜了一些马来西亚免费公共 Wi-Fi 信号知识，以防西西出门后再次联系不上。看到刘飞如此细心体贴，西西远在千里之外也倍感温暖，内心第一次有了异样的情愫。

后来，西西遇到难题时总会想到找刘飞帮忙，刘飞也有求必应。

西西因为工作原因经常要出国，回来总会给刘飞带点儿小礼物。作为回报，刘飞每次也会请西西吃饭，偶尔还一起看场电影。慢慢地，西西懂得了刘飞的好——他脾气好，又细心，超级了解自己，吃饭点菜时都知道自己有选择困难症，从来都是主动点菜。

想到这些，西西真的有点儿甜蜜的感觉了……

然而，就在西西左思右想如何跟刘飞表白的时候，刘飞突然带来一个女孩介绍给西西认识，说这是自己的女朋友……原来，刘飞真的一直把西西当朋友来处。

这件事给西西带来很大的打击，很长一段时间，她都没有走出这段情感阴影……

人生中，我们都会遇到很多异性朋友，有的最终会成为我们的爱人，而有的会成为一辈子的好朋友。在这个过程中，许多人其实并不懂得如何分清友情和爱情的界限，这也给自己带

来相当大的困扰，如无形中错过适合自己的爱情，误会了别人的感情导致最后连朋友也做不成……

那么，如何避免像西西遭遇的这种情感困扰呢？

首先，从细节上来加以区分。

从心理上说，爱情与友情不同，爱情有着强烈的亲近欲望，友情往往是持续而稳定的，爱情更容易冲动。比如，相爱的男女突然见面往往会心跳加速、面红耳赤、不知所措，一旦分开，彼此会急切地盼望见面，见面后往往不愿分开，依依不舍。这些心理状态，在一般的朋友关系中是不会出现的。

还有很明显的一点，即排他性，这是爱情特有的现象，通俗来说就是"吃醋"。

我们不妨留意一下，当自己与其他异性相处时，对方表现出的表情和态度。如果看到你与其他异性相处，对方表现出"吃醋"的神情和态度，你们之间的感情可能已经超越友情的范畴，可以进一步升华了。反之，看到你与其他异性相处，对方表现出漠不关心或若无其事的神情，你们之间就是妥妥的友情无疑。

其次，爱情有一个特点，就是隐蔽性。

友情是开放的，在任何场合和时间都可以随意表达；爱情则有些偷偷摸摸的感觉，不愿让人知道，不想让人看见。如果一个人只愿与你在公开场合相处，极大的可能性是友情；如果一个人千方百计地想要跟你独处，在人多的场合反而有些不太跟你凑近乎，很可能就代表这个人对你是有爱意的。

当然，人的感情最复杂也最矛盾，并非所有的经验判断都百分百准确，我们只能大致依靠一些现有的经验去判断，最本质的还是跟随自己的内心。一般来说，能够让你心里觉得无忧无虑的情感，通常倾向于友情；常常给你带来困扰，时而甜蜜时而苦涩的感情，或多或少就有爱情的成分。

所以，我们一旦弄清楚自己面对的是爱情或是友情之后，就一定要懂得合理规划：觉得不适合自己的，要及时止步，或者让对方止步；觉得是自己想要的爱情，就一定要主动出击，不要让适合自己的另一半苦苦等待。

青春短暂，既然在合适的时光遇到了合适的人，不妨大胆一些，也许爱情就会在下一秒敲响彼此的心门。

◆ 与父母的择偶观不同，到底应该听谁的

梅子与男朋友王勇是在大学时认识的，两人在一起好几年了，也把校园恋情延续到毕业之后的工作生活中。毕业后，两人在同一个城市打拼，感情一直都很好。可是，梅子最近却陷入了困扰中，因为妈妈不同意她和王勇在一起。

这要从两人的家庭情况说起。梅子的老家位于三线城市的农村，她的长相和身材都属于中等，父母年纪大了，每月除了固定的农保外没有固定收入。

男友王勇家是县城的，父母是工厂职工有退休金，虽然说起来要比梅子的家庭条件略好些，可梅子的父母还是觉得王勇家的条件不够好，在工作的城市里没有房子，如果结了婚，将来买房还贷压力实在太大。

梅子的妈妈有一位同事在老家所在的市里工作，在市区有两套房子，所以她一直希望女儿能够回到老家，然后介绍给同事的儿子认识。同时，那个孩子的工作也不错，是个公务员，为人踏实本分。

梅子从小就是个懂事听话的孩子，几乎没有忤逆过父母。可是在爱情这件事上，她却陷入两难，一方面觉得自己要勇于追求自己的幸福，另一方面又觉得不应该对父母的意见置之不理。无奈和惆怅之下，她找到闺蜜兼死党晓琪，希望晓琪能给她提点儿建议。

晓琪与梅子从小学到高中一直都是同班。与梅子不同，晓琪是一个非常有个性和主见的女孩子。高考填报志愿的时候，父母就建议她填师范学校，毕业后回家乡做一名教师；或是学法律，之后回家考公务员；抑或是学金融，然后回家考到银行去。可是晓琪却坚持自己的主张，选择了自己喜欢的国际贸易专业。

毕业之后，晓琪同样拒绝了父母的建议，跟家境一般的男友一起去了南方，两个人都进了不错的企业。不过，后来晓琪辞职转做自媒体，口才好加上专业的贸易知识，她很快就有了数量可观的粉丝，收入增加许多。现在，她已经事业有成，并且和男友正在考虑结婚事宜。

晓琪看梅子满脸愁容的样子，笑着安慰她："其实，事情没有你想的那么复杂。父母担心的是你未来的生活，所以才会给你一些建议，这些建议是根据他们的生活阅历而得来的经验和教训，目的是极力帮助你规避风险。在选择结婚对象这方面，你需要考虑父母的意见，但也要明白：日子是你自己在过。你要清楚父母担心的是什么，把事情想清楚，然后做出自己认为是对的选择就好了。"

听了晓琪的话，梅子决定向晓琪学习，努力去走属于自己的路，自己的人生由自己做决定。虽然眼下可能会承受一些压力，但未来毕竟是自己跟男友去打拼，只要两个人一起努力把日子过好，也是实现了父母的愿望。

当下，很多年轻人在谈婚论嫁时，都会多多少少与父母存在择偶分歧。对于父母给出的建议，不少年轻人觉得那些都是过时的观念，跟不上时代，于是宁可自己做决定面对未知数更大的将来，也不想听父母的安排选择另一半。

这样的做法，到底可不可取呢？

其实，凡事总要两面看。父母对儿女很多方面的建议，有好的也有不妥当的，我们不能全盘否定父母的意见，一心跟父母作对。这不仅会伤了父母的心，还可能让自己走上错误的道路。

同时，父母了解自己的孩子，而且比孩子更有阅历，一些建议也是切合实际的。所以，我们要冷静下来，认真地分析和对待父母的建议。

　　现实生活中，有很多人像晓琪和梅子这样坚持自己做决定，并且通过努力让自己的爱情和生活都走上正轨的。

　　当然，也有固执己见的人，置父母的合理择偶建议于不顾，在婚前一味地陷入爱情陷阱，忽略很多具体事实，导致婚后被动，甚至付出昂贵的代价，在爱情和生活上遭遇双重挫折。还有些人没有主见，只听从父母的话，委屈自己，放弃爱人，结果既失去了爱情，也无法在婚姻中得到幸福。

　　所以，在与父母的择偶观念出现冲突时，我们一定要学会总结，设想自己跟恋爱对象规划的未来生活都有哪些可能存在的问题。

　　比如，遇到这些问题时，两人能不能一起面对，如果内心确实能够给出肯定而确凿的答案，不妨跟随自己的心做出选

择。相反，如果自己对未来的这些问题尚且心存疑虑，对自己
或者恋爱对象的态度还不那么肯定，这时不妨认真考虑一下父
母的建议，从长计议。

我们必须承认，恋爱是两个人的事，但婚姻就是两个家庭
的事。恋人之间不管有了什么矛盾都可以调和，但是如果两个
家庭出现矛盾，却不见得能调和好。

我们要对父母敞开心扉，多沟通交流，让父母听到自己的
心声。

◆ 什么样的特质，值得我们优先考虑

刘枫在大学时期谈过两次恋爱，那时候，他觉得自己要身
高有身高、要颜值有颜值，找女朋友一定要找漂亮的，这样带
出去才会有面子。为此，他的目光总是集中在校园里那些颜值
超群的美女身上。

在这样的恋爱标准指导下，刘枫每次恋爱的对象都是别人
眼中羡慕的大美女。不幸的是，这两次恋爱都以失败告终，这
让刘枫十分郁闷，直到毕业都没有再恋爱过。

　　工作之后，爱情问题再次摆在刘枫面前，大学时期的恋爱经历再次浮现在他的脑海。

　　回顾之前的每一次恋情，刘枫认识到，那时的女朋友虽然外表真的很合自己的心意，却在相处的过程中出现重重问题。女友总是想让自己无条件地听从她们的安排，喜欢作，喜欢耍"公主"性子，稍有不顺心就大发脾气……

　　当时，刘枫为了哄女朋友开心操碎了心，每天不是在哄女朋友，就是在哄女朋友的路上……

　　如今，在刘枫看来，爱情不过是生活中的一部分，对另一半的颜值要求也不那么强烈了。他觉得，爱人的长相不需要多么出众，只要看起来干净舒服就可以。他更看重性格，想要找一个乖巧懂事一点儿的女朋友，这样的恋爱才会比较稳定，可以一直走到结婚。

　　其实，生活中有很多人像刘枫这样，年轻的时候总想要追求一段轰轰烈烈的爱情，如找的对象要高大英俊、貌美如花，陪你吃遍所有美食、游遍所有想去的地方等。

　　在那个阶段，这些看似绚烂耀眼的东西可以说是年轻人最看重的爱情特质。但往往是理想很丰满，现实很骨感，一旦在相处过程中发现彼此的分歧，产生了矛盾，就会开始彻底怀疑这段感情。

琳琳跟刘枫有着相似的爱情感悟。

25 岁之前，琳琳的择偶标准大概就是高大英俊、懂浪漫、脾气好。这种爱情观在年轻女孩子身上有着相当的代表性，因为高大英俊是大部分女生都想要的，脾气好说明他一定不会成为传说中的家暴男，懂浪漫的男生一定很懂得哄女孩开心。

在当年的琳琳看来，绝大部分女生都想跟这样的男生谈恋爱。

不过，岁月和人生阅历让琳琳逐渐明白：高大英俊的或许是个渣男，懂浪漫的或许是个情场老手，脾气好的人也许在他情绪爆发的时候更加可怕……总而言之，鞋子合不合脚，只有长时间相处才知道。

许多年轻时看重的恋爱特质，到最后发现都不是那么重要；影视剧里那种无条件宠你的完美恋人，在现实中几乎不可能出现；那些你看起来觉得是"好男人"的标准，或许只是经历情场之后为你制造的假象。所以，不要把表面化的特质作为择偶时优先考虑的东西，而是要看到真正内在的特质。

如今，琳琳认为，选择爱情的另一半，最重要的是三观相同。她希望在未来的婚姻生活中，另一半能和自己有共同语言，而其他特质如颜值、身高、财富、职业等，都排在这个特质之后。

只有三观相同或相近的人，才能长长久久地走下去。

许多人认为，看着偶像剧长大的 95 后和 00 后，会将外表作为选择另一半的重要标准。然而，事实并非如此。某网站的调查结果显示，九成以上的 95 后和 00 后更看重"三观一致"。可以说，三观一致，这个特质在爱情和婚姻中真的非常重要。

比如，你喜欢比较刺激的极限运动如跳伞、潜水之类的，一到假期，就会利用所有时间去旅游，如呼伦贝尔、海南三亚、神农架探秘……也会把这些精彩、开心的瞬间拍下来发在朋友圈，分享自己的心情和感悟。此时，你的伴侣却认为你"天天就知道到处乱跑"，"一点儿都不务实"；当婚后发福的你决定减肥而天天努力健身时，妻子却在旁边打趣"又去健身房拍照啊"；当你把自己收拾得干净利索，美美地准备出门

时，老公来一句"今天打扮这么好看，要去和谁约会呢？"……
这样还如何在一起，又如何保持长久的爱情呢？

　　婚姻是所有人际关系中最亲密的一种，因此，选择婚姻伴
侣的时候，三观问题是第一位要考虑的特质。选择"三观契
合"的伴侣，爱情和婚姻才能完美且长久。

◆ 财富与好感度，究竟哪个对婚姻更重要

　　王雪跟男友阿豪已经相爱两年多。阿豪的家里并不富裕，
但他很上进，也很爱王雪。但因为家庭条件，王雪的父母并不
喜欢他，甚至连王雪的闺蜜也经常劝她找个条件好的男友……
　　王雪一开始并不在意别人的说法，不过和阿豪在一起久了
之后，慢慢地，她也开始感觉到一些不舒服。比如，每次情人
节、生日、纪念日，闺蜜的男友送的都是名牌化妆品、名牌包
包，阿豪只送给她一条围巾、一朵花；吃饭约会的时候，阿豪
通常都要先考虑不去太贵的地方；和闺蜜一起聚会，阿豪很少
在高档的地方请客、主动结账。后来，闺蜜之间的聚会，王雪
都不太想带阿豪去。

虽然当初和阿豪在一起的时候，王雪并不介意阿豪的经济条件，但这些事情出现之后，她发现阿豪在很多方面真的无法满足自己的需求。不过，接下来究竟该如何选择，王雪陷入了迷茫……

其实，像王雪这样存在矛盾心理的人相当普遍，现实生活中，很多恋爱中的男女都会遭遇这样的选择困境。虽然说财富与爱情没有直接的关系，但有着不可或缺的间接联系——在这个物欲横流的年代，财富虽然买不来真爱，但爱情如果没有财富作为后盾，哪怕初期再美好，恐怕也很难延续下去。

我们经常会在文学影视作品中看到类似的桥段：富家小姐和穷小子互相欣赏或是一见钟情，然而，由于身份地位相差悬殊，爱情遭遇了重重阻力，最后两人为了爱情牺牲一切，轰轰烈烈地私奔了。但是好景不长，两人没有赚钱的能力，日子过得越来越苦，甚至女孩生病了也请不起大夫，穷小子只能眼睁睁地看着心爱之人病死，最后也郁郁而终。一份美好的爱情以悲剧收场……

其实，这映射的就是赤裸裸的现实。在生存问题面前，一切都算不了什么，爱情更不值得一提。这个世界就是这样，生活已经很困难了，哪里还顾得上爱情？所以，没有物质基础的爱情是很痛苦的，甚至痛苦到让人忘掉爱情最初的甜蜜。

不过，王雪的迷茫没有持续很久，另一个闺蜜宋艳的一番话让她的心豁然开朗起来。

宋艳给王雪讲了自己的经历：三年前，一个可以称为"成功人士"的男人对她一见钟情，彼此见了几次面就提出约她吃饭。

宋艳觉得彼此也熟悉了，就带着另一个好友一起赴约。饭吃得还算愉快，但是快吃完的时候，男人突然从包里拿出一沓厚厚的现金递给宋艳，说自己喜欢她，想要用实际行动对她好。

宋艳和好友都惊呆了，她完全没有想到这个男人会这么做。虽然厚厚的一沓现金看起来很诱人，可宋艳还是拒绝了。在男人的坚持下，她只好抽出三张，说就当给我们买零食了，男人这才作罢。

不过，宋艳随后借口上洗手间偷偷拿着钱埋单，又借故先走了，从此不再跟那个男人继续交往。因为宋艳心里清楚，她把这个男人只当成朋友，对方这样的做法虽然态度诚恳，可并不是她喜欢的性格和风格，于是果断抽身，拒绝那沓厚厚的现金，得到的却是内心的平静。

听了宋艳的话，王雪陷入了沉思。这时，宋艳又拿出手机，给她看现任男友发来的红包，几乎每个月都有许多笔，虽然数额不大，但是男友每次都会千方百计找个理由，如"秋天的第一杯奶茶"、生理期安慰金、相思精神补偿费等。

王雪看得忍俊不禁，笑着问宋艳："原先厚厚的一沓钱你都没收，现在男友的小红包倒是收得不亦乐乎，你还说不看重金钱？"

宋艳笑着说："我花男友的钱，是因为我喜欢他，我又不是随便拿来一个男人的钱就花。我也会存起这些钱，为我们将来的生活做基础。再说，那个大款扔出来那一沓钱，对他来说可能就是毛毛雨，很随意就扔了，但现在男友发给我的红包可都是从工资和奖金里省出来的。他还说，为了我们将来的生活，他要努力工作，争取每年给我的红包翻一番。"

看着宋艳笑靥如花、满心欢喜的样子，王雪终于明白自己该怎么选择了。

一个男人拥有财富的多少，并不是你考虑的最大问题，你首先要考虑他是否有上进心，是否愿意为你付出真心。如果他真心爱你，即使现在贫穷，他也会努力上进、打拼挣钱；如果他不爱你，即便他拥有再多的财富，也可能只会把你看作"傍大款"的女人而已。

所以，财富与好感度是完美爱情和婚姻不可或缺的东西。不过，如果没有爱情，财富就失去了意义，变了味道；美好的爱情，如果没有财富加持，前方的路也会布满荆棘。因此，我们应该正确看待财富和好感度，不可被金钱、物质蒙蔽眼睛。

有人说，爱情和金钱的关系就好比沙漏里两边的沙子：这边的沙子少了，那边的沙子就会多；这边的沙子多了，那边的沙子就会少。当然，最完美的情况是两边刚刚好。这个比喻意味深长，值得所有面对爱情和婚姻的人认真思考、品味。

◆ 选择老实人，不一定很安全

亦菲的前任丈夫杨军是大家眼中标准的"老实人"，性格敦厚，待人温和，笑起来的时候略显木讷。

当初，亦菲的朋友听到他们在一起后，都认为杨军虽然算不上特别优秀，但性格安稳，两个人的爱情一定会长长久久。结果，一年后大家再聚时，他们竟然吃惊地得知：亦菲和杨军早已经离婚了。

大家纷纷觉得不可思议："有点儿可惜，这么心地老实的一个人，都想着你们一定会白头偕老，怎么会这么快就离婚了呢？"

亦菲的情绪一下子低落下来。后来，在断断续续的聊天中，大家才得知其中原委。

结婚前，亦菲觉得杨军这样的性格虽然有些木讷，但起码是个可以依靠的人。可是结婚后时间久了，她才意识到，婚姻生活并不像她想的那样。

杨军的社交圈子很小，每天下班后就待在家里，打打游戏、追追剧，从来没有主动想着要带亦菲去哪里吃喝游玩。在一些重要的节日，他也从来没有给亦菲送过惊喜。

其实，杨军也不是不懂得这些套路，他只是习惯性地忽略女人的精神需求罢了。这让亦菲有些失望。

一天，两个人终于说到这个话题，亦菲小小地发了一通牢骚，说这才结婚一年就弄得跟老夫老妻一样，生活平淡如水，没有情趣和惊喜。杨军却认为，自己每天下班就回家，每月上交工资，也没有不良嗜好，不出去乱跑乱花钱，已经很好了，亦菲不应该要求太多表面上的形式。

为此，两个人闹了矛盾。再后来，亦菲发现，杨军在单位跟在家里差不多，没有上进心，也没有什么梦想。

看着杨军这个样子，亦菲感觉婚姻生活似乎像一潭死水，一眼望不到头，她对杨军的失望越来越深了。

说到这里，亦菲开始激动起来，掰着手指头诉苦："说起来他好像也没有大的缺点，可是你们想一下，平时大家在家看电视、聊天什么的，我抛出去的梗，他从来都接不住；每次情人节、纪念日、生日，我希望有一些浪漫，可他毫不在意；每次我看到新奇有趣的东西跟他分享，他都只是呵呵一笑；更过分的是，每次我不开心，只要不说，他甚至都不会发现！这些问题，我跟他说了很多次，但根本看不到他改变的希望……我累了，离婚也是我提的……"

生活中，关于爱情与婚姻的结果，我们经常听到的一句话就是："找个差不多的老实人就嫁了吧。"

老实人真的那么好吗？事实上，很多人婚后才发现所谓"老实人"的缺点，那些普通、平淡无奇、安于现状且无聊的男人，其实就是广大老实人的缩影，他们老实到忽略了爱情的美好和浪漫——嫁给这样的人，就等于提前跨入无趣的人生阶段。

　　而且，还有一个很重要的现实就是：一部分老实人只是表面上的"老实"，是暂时的"老实"，因为现在他没钱、没条件去变坏，一旦有机会飞黄腾达，他们就会露出"庐山真面目"。

　　正所谓"男人有钱就变坏"，这句话不无道理。生活中，我们不也经常听见穷小子暴富后花钱大手大脚、抛弃结发妻子的故事吗？不也看到过很多所谓的"老实人"，稍微有点儿钱立刻就撕掉伪装去花天酒地，让另一半的心都凉透的故事吗？

　　所以，我们要奉劝那些抱着"找个老实人过日子"心态的人，不要因为种种原因就放弃对爱情的憧憬。要知道，安稳不是爱情最后的样子，过日子也不是"老实"就能长久，而是需要两个人真正地"交心"。

同时，老实人没有想象得那么好，很多时候，"老实"就是披着伪装的懦弱和颓废，或是隐藏更深的"花心大萝卜"，这些都需要我们去警惕。

对女人来说，嫁给一个什么样的男人，基本上能决定后半生如何度过。

我们一定要记住：老实和踏实本分不能画等号。忠厚诚实是优点，但这些东西是可以伪装的，一不留神，要么让自己的婚姻生活变得无趣，要么身边潜伏着一个未来有可能变坏的所谓"老实人"。

当然，并不是说"老实"二字变成贬义词，只是觉得它不能成为爱情的决定因素。我们选择忠厚诚实的人作为终身伴侣没有错，关键是正确区分和面对，要根据自己对爱情和婚姻的期望做出选择。

如果你就是那个"老实人"，不妨时常提醒自己，不要忽视了另一半的情感需要。再甜蜜的婚姻生活，如果缺乏情感上的深度共情和交流，也会慢慢变冷。

第 3 章　围城恐慌

——闪电加入恐婚族，你究竟为何对婚姻如此打怵

不想结婚，成为很多年轻人的心理状态。在他们看来，结婚意味着失去自由，还要面临各种关系、琐事、压力，自己为什么要自讨苦吃呢？

然而，他们不知道结婚也意味着幸福、温暖、相知、相伴。爱情和婚姻是两码事，但绝不是对立的。

◆ 为什么爱情至上的人往往害怕步入婚姻

于静和李斌已经坚持了 10 年的爱情长跑，从 20 岁到 30 岁，彼此陪伴着度过了人生最好的年华。

于静是南方人，李斌是北方人，相隔大半个中国，却在一次旅行中偶遇并结缘，于是展开了一场轰轰烈烈的恋爱。

一开始，双方的家人和朋友都不看好他们的恋情，抛开爱不爱的问题不讲，毕竟横亘在二人之间的现实障碍真的很多。但于静和李斌都是爱情至上的人，对这份感情表现得坚定而执着，颇有一种哪怕与全世界为敌也不肯与对方分开的决然。

于静和李斌的感情确实非常好，两人志趣相投，性情相近，既是情人又如挚友，久而久之，身边的人也就渐渐接受了这份恋情，并送上真挚的祝福。

按理说，在这样的情况下，于静和李斌应该早早步入婚姻的殿堂，陪伴对方白头到老才是。令人意外的是，身边的朋友都已结婚生子，他们却依旧坚持爱情长跑，丝毫没有想要领证结婚的意思。

25 岁之前，于静和李斌的家人对他们的恋爱抱有观望的态度，既不同意也不反对，大概也盼着两人能尽早认清现实，理智思考现实的种种问题。25 岁之后，眼看两人的感情依旧如胶似漆，却始终不提结婚的事情，双方父母开始着急，进入催婚状态。没想到的是，偏偏就是这么一对坚定不移非要和对方绑定的情侣，始终不肯迈入婚姻的"围城"。

于静的家人和朋友显然更担心她，不管怎么说，从生理特性方面来看，年龄对女性的影响总是比男性更大一些。尤其是步入 30 岁以后，女性需要面临的一个重大问题，即高龄生产的风险。

但是不管周围人如何劝说，于静都不为之所动，甚至有些抗拒结婚。她的想法其实很简单，婚姻就意味着柴米油盐的烟火气，意味着爱情将掺入更多的杂质，从此变得不再纯粹。

于静坦言自己是个爱情至上的人，她理想中的爱情是花前月下，是唯美浪漫，是轰轰烈烈，是山盟海誓，绝不是家长里短、柴米油盐。她向往自由自在的生活，喜欢说走就走的旅行，而不是每天囚困于家庭之中，担忧早上的衣服还没洗、晚饭还没有做，烦恼邻里之间的关系，头疼婆媳之间的矛盾……

在于静看来，爱情可以肆意妄为地享受过山车般的激情，可以因一句想念就丢下一切，跨越千里到对方身边去；也可以因一句争吵就闹个天翻地覆，"不疯魔不成活"……可一旦步入婚姻，自己需要考虑的问题实在太多了，比如，如何维持家庭的开支、进行孩子的教育、处理家长里短的纠纷、与对方的家人亲友相处……

事实上，大部分人步入婚姻之后，绝大部分的精力会分散到这些事情上去，投注到伴侣身上的时间和精力反而可能大大减少。这对于任何一个爱情至上的人来说，是难以忍受的。

曾看过这样一句话："越是对生活认识得深刻，结婚就越是令人感到害怕。"我相信，对爱情至上的人来说，这句话很容易引起他们的共鸣吧。爱情就像空中楼阁，美好又虚幻，充满飘浮无定的浪漫和脆弱；婚姻却需要落到实处，扎根于生活的土地上，因为维持一场婚姻不仅仅只要爱情，更重要的是责任。

所以，很多爱情至上的人"谈婚姻色变"，甚至对于"婚姻是爱情的坟墓"这句话深信不疑。每当有人劝说自己赶快结婚时，这些人就把身边的例子拿出来——婚前两个人爱得如胶似漆，却在进入婚姻后变得经常争吵，相互不理解、不沟通，最终渐行渐远，形同陌路。

婚姻真的那么可怕吗？爱情一旦遇到婚姻，就真的只有"死亡"一条路可走吗？其实，并非如此。

客观来说，婚前婚后，我们的心理状况和角色定位确实会发生一定的转变，这是不可避免的。尤其是骤然拉近的亲密关系，往往可能会让我们对身边的伴侣产生全新的认识，可能会发现他们的人格并不如我们以为的那般伟大，他们的身上存在许多我们不曾留意的缺点，甚至是彼此之间存在很多摩擦。

然而，这些问题并不是我们逃避就能解决的，逃避也不是保护爱情的正确方式。婚姻是起点，并非终点，如果仅仅只是因为对彼此有了更深入的认识，或需要背负更多的责任，就将爱情消磨殆尽，那么，如此脆弱不堪的爱情即使被小心翼翼地呵护在手心，又能走得多长久呢？

所以，我们需要明白：婚姻与爱情从来不是背道而驰的两种选择，每个人都可以自由选择结婚或不结婚，就如同可以自由选择恋爱或不恋爱一样。

但是，千万不要把婚姻当作洪水猛兽，正确理解婚姻、看待婚姻，用心地去爱、去维护，爱情不会被消磨，更不会变质。

◆ 总说不想结婚的人，心里究竟在想什么

小戴和男友阿伟已经恋爱了三年，两人的感情非常好，已经见过双方家人。但令小戴感到不解的是，这三年来，阿伟一直没有提过结婚的事情。

三年的时间说长不算太长，但是说短也不算短。小戴已经29岁，是该考虑结婚事宜、规划未来之路了。

事实上，跟阿伟谈恋爱之初，小戴就已经把对方规划进自己未来的人生中，希望和他共度一生。她认为，两人无论性格还是喜好都极为投契，双方家人的相处也十分和谐，结婚应该是顺理成章的事情。

刚开始，小戴虽有结婚的念头，但出于女孩子的矜持，从来没有主动提起过。后来，随着两人感情的不断升温，小戴曾

给过阿伟一些暗示，尤其是身边的朋友结婚生子时，她都会说自己憧憬怎样的求婚、怎样的婚礼。但不知道是阿伟实在太"直男"根本听不懂小戴的暗示，还是故意装傻，总之对于结婚这件事，他始终不曾有任何表示。

眼看马上就要步入 30 岁的大关，小戴终于忍不住了，直接向阿伟说起关于结婚的事情。令小戴惊讶的是，听到"结婚"这个字眼，阿伟就皱起眉头，一副不情不愿的样子。

他对小戴说："咱俩现在这个样子不好吗？咱们住在一块，也见过了双方父母，不管你家有什么事，我都会帮忙照顾，我家有什么事也不会把你落下。现在，咱俩和结婚也没有什么区别，不就是缺少那一张纸吗？难道它真的那么重要吗？只要我们彼此相爱，有没有那张纸有什么关系呢？再说，即便有了那张纸，若是心不在一块儿了，又有什么意义呢……"

听到阿伟的话，小戴顿时觉得脑子里"嗡"的一声，整个人都愣住了。她怎么都没有想到，男友从来不提结婚，并不是因为他太"直男"，而是压根儿就没打算和自己结婚！

小戴非常伤心，一方面怀疑阿伟不与自己结婚，说明他根本不爱自己，不想对两人的感情负责；另一方面，她又感到迷惑，如果阿伟不爱自己，为什么对自己如此好，万分体贴，在意自己是否开心，还爱屋及乌地对自己的父母和亲人都非常好？她不知道两人的未来在哪里，但又不愿意就这样分手。

小戴想不明白，就去找闺蜜甄妮倾诉，没想到的是，甄妮竟万分赞同阿伟的话。其实，甄妮也是个不婚主义者，有个交往了 5 年的男友。在这 5 年里，男友也是频频提出结婚的要求，但都被她拒绝了。

无论是阿伟还是甄妮的想法，小戴都实在难以理解——两个人既然选择在一起并且深爱对方，结婚难道不是一件理所当然的事情吗？如果那张纸真的一点儿也不重要，那么领了那张证让伴侣安心，难道就不行吗？

小戴把心中的疑问说了出来，甄妮却无奈地说道："对女人来说，结婚才是最不合算的投资。结婚以后，你就是免费的保姆、婆婆的出气筒，要面临工作和家庭的双重压力。你的付出不一定能够得到别人的理解和感谢，甚至所有的人都会认为这是你应该做的。你不能出现错误，否则会遭到所有人的责怪……所以，为什么要结婚呢？一辈子享受恋爱的甜蜜，自由自在地生活，不好吗？"

甄妮的话让小戴无言以对。她知道，甄妮说的很多情况确实是客观存在的，但她始终认为，两个人恋爱不就应该奔着结婚去吗？不以结婚为目的的恋爱，那是耍流氓！

对于很多人来说，结婚是一件顺其自然的事情，年纪到了，人合适，自然就该结婚生子。但现在，越来越多的年轻人选择了晚婚甚至不婚，他们开始思考婚姻能够给自己带来的好处或劣处，自己究竟需不需要一段婚姻，而不仅仅只是因为年龄到了就顺其自然地结婚。

无论男性还是女性，不少人对婚姻持有拒绝的态度。通常来说，不愿结婚的人通常分为两种：一是受原生家庭的影响，如父母或身边的亲人婚姻不幸福，以至于自己对婚姻也失去了信心；二是出于对结婚可能带来的变化以及需要承担的责任，所产生的种种担忧。

对于阿伟来说，他属于第一种，因为小时候父母关系紧张，时常争吵，让他对婚姻产生了恐惧。对于甄妮来说，则属于第二种，她只想要甜蜜、自由的恋爱，不想被婚姻限制和禁锢，不想面对一系列问题和压力。

事实上，婚姻给女性带来的影响确实大于男性。无论结婚还是不结婚，女性都承受着比男性更大的压力。

诚然，结婚确实存在许多风险，但这并不意味着婚姻所给我们带来的就只有束缚和压力。婚后，因为种种原因，矛盾和问题或许存在，但只要我们能好好地经营，彼此支持和理解，不把自己逼入死胡同，日子就不会越来越苦，婚姻生活也不会越来越累。

更何况，家庭的责任就像一种甜蜜的负担，虽然沉重，却也有着温暖和幸福。伴侣之间相互扶持，一起承担责任，最终，幸福自然大于苦恼。

结婚未必就一定不幸，拒绝婚姻也未必就真的能远离烦恼。只要我们能够用正确的态度面对和经营婚姻，做出最适合自己的选择，幸福的婚姻终究会被我们抓在自己的手中。

◆ 别怕别人不宠你，你要学会自己宠自己

爱美之心，人皆有之。

长相漂亮的人，总能受到更多的优待。谭倩倩就是这样一个美女，从小到大，无论走到哪里都是众星捧月的架势。正因如此，谭倩倩的性格难免有些娇气任性，甚至说有些小小的"公主病"。

然而，出众的外貌虽然让谭倩倩受到许多优待，却并未让她收获幸福的婚姻。

谭倩倩的第一任丈夫陈桐是她大学时期的学长，也曾是学

校里的风云人物，苦追了她一年多才抱得美人归。陈桐对她是千般温柔、万般呵护，捧在手心里当珍宝一般，两人成为最令人羡慕的情侣。

大学刚毕业，谭倩倩就披上嫁衣，嫁给了自己的"白马王子"。当时的婚礼非常盛大、浪漫，不知羡煞了多少人。

结婚前，谭倩倩对婚姻抱有美好的憧憬，认定自己会成为最幸福的人。然而，婚后的生活却给了她当头一棒。

陈桐是个很有能力和野心的人，毕业后选择创业，梦想打造出属于自己的一片天地。当时，公司刚刚走上正轨，他把大部分的时间与精力都放到工作上。因为在他看来，只有努力拼搏才能给妻子最好的生活，能让两人的小家庭有更美好的未来。

陈桐认为，妻子应该会理解自己，并且全力支持自己。更何况，谈恋爱的时候可以每天花前月下、惊喜不断，结婚以后哪还能继续这样呢？婚后，两人都应该为了未来而努力拼搏。

可对于谭倩倩来说，明显的落差让她备受打击。她认为，就是因为自己轻易点头嫁给了陈桐，所以陈桐就不重视自己了，轻易得到的也就不值钱了。就这样，这对曾经令人羡慕不已的金童玉女的婚姻生活并不和谐，基本上是三天一大吵、两天一小吵，直至把彼此的感情消磨殆尽。

互相折磨了两年之后，两人选择离婚。

　　之后，谭倩倩又经历了几场恋爱，都没能得到圆满的结果。就这样，寻寻觅觅到了 30 多岁，她也没能找到一个疼她宠她的理想丈夫。

　　面对青春的流逝以及家庭各方面的压力，谭倩倩最终决定退而求其次，嫁给了一个各方面都平平无奇，但对她还算言听计从的追求者尹东。

　　本就不算满意的丈夫，本就是退而求其次的婚姻，这让谭倩倩对尹东也是百般挑剔和埋怨，时不时就耍脾气，动不动就离家出走。

　　一开始，尹东对她还顺着哄着，日子久了，也就厌烦了。毕竟两人的结合就没有多少情分，一个贪图对方的美貌，一个怀着凑合的心态，感情能有多牢固呢？

　　面对不幸的婚姻，谭倩倩的内心充满了痛苦与不甘，每天都在抱怨自己有多不幸，咒骂天下的男人都是没良心的"白眼狼"，得到后就从来不懂得珍惜……

　　闺蜜们一开始还会安慰谭倩倩，到后来听得多了，也就不愿意再和她待在一起了。毕竟谁也不愿意身边有个"祥林嫂"，整天成为朋友负面情绪的垃圾桶。

　　最后，谭倩倩的第二次婚姻又失败了，自己也成为一个无人愿意亲近的怨妇。

　　每个人都对爱情有过无限的憧憬，一遍遍地在脑海中勾勒过理想爱人的形象，渴望成为对方生命中的唯一、对方所有生活的中心。有这样的想法其实并不奇怪，但我们更应明白，即便最亲密的爱人也应彼此独立，有属于自己的生活、朋友、工作以及私人空间。

　　许多婚姻不幸的人，其实有一个通病，那就是想从对方身上获得的太多。尤其是那些对婚姻有着过度美好期待的人，内心过于自私的人，总是习惯地将自己婚姻的幸福与否与伴侣对自己的宠爱程度画上等号——一旦对方不能满足自己的期待，便心生怀疑、患得患失；只是因为对方忘记了自己的生日，就怀疑对方是不是已经不爱自己了；只是因为对方忙碌一些，就

陷入痛苦和恐慌之中；只是因为对方缺席某个纪念日，就变得郁郁寡欢……

我们为什么必须把自己的喜怒哀乐、幸福或痛苦系于一个人的身上呢？哪怕步入婚姻后拥有亲密的爱人，我们也依然是独立的个体。与其盼着来自别人的宠爱，为什么不学会自己宠爱自己呢？

婚姻是我们人生道路上非常重要的组成部分，但绝不是也不应该是我们人生的全部。婚姻中，我们必须学会承担更多的责任，对未来有更多的规划与考量，需要以对方为中心，获得对方的支持，但并不意味着我们要依赖对方，甚至画地为牢，把自己的世界变得越来越小。否则，我们会跟谭情情一样失去原本属于自己的幸福。

或许，我们无法预测一场婚姻会有怎样的结局，但可以努力宠爱自己，让自己无论在任何境遇下都能拥抱幸福，在阳光下勇敢前行。

我们每个人都是独立的个体，没有必要依附另一个人的喜怒哀乐而活，更没有必要将自己的幸福寄托于对方身上。只要能认清自己、做好自己，婚姻自然会越来越美好，我们也就不会再恐惧婚姻。

◆ 结婚，并不意味着从此丧失自我

秦雪今年35岁，未婚，有一个3岁大的女儿。但她不是一位单亲妈妈，因为女儿是有爸爸的，一家三口始终幸福地生活在一起。

早在10年前，秦雪的男友就已经向她求过婚了，但当时秦雪毫不犹豫地拒绝了男友，言明自己是个不婚主义者。即便如此，男友也没有离开她，而是选择继续和她在一起——他认为秦雪只是没有准备好，终有一天自己会求婚成功。

其间，男友多次向秦雪提及结婚事宜，但每次的结果都不理想。

三年前，秦雪意外怀孕了，男友觉得时机成熟了，于是再次向她求婚，但没想到还是遭到了拒绝。令人意外的是，对于这个新到来的小生命，秦雪没有拒绝，而是满怀欣喜地和男友一起迎接孩子的降生。

这让男友意识到，秦雪其实是非常喜欢孩子的，但这并没有动摇她"不婚"的观念。即使他们一家三口很幸福，生活模式与其他普通的家庭没有区别，可无论男友怎么说，秦雪都不愿意结婚。

与其说秦雪是不婚主义者，不如说她是恐惧婚姻。她非常爱男友，更爱孩子，但就是不愿意或者说不敢步入结婚的殿堂。

事实上，秦雪对于婚姻的恐惧很大程度上来源于她的原生家庭。秦雪的母亲具备中国传统妇女的特质，是个典型的贤妻良母。可以说，她的一生完全奉献给了家庭，时时刻刻都在为丈夫和子女而活，自己却活得很辛苦。

在秦雪的记忆中，母亲似乎永远都是系着围裙忙碌着，洗衣、做饭、打扫卫生，仿佛是这个家的全职保姆。父亲则总是打扮得体，最喜欢饭后品一杯香茗，跷着二郎腿坐在沙发上看报纸，从不曾伸出手收拾过一个盘子、晾晒过一件衣服。

最令秦雪感到不解的是，即使母亲为这个家庭尽心尽力、甘心奉献，却依旧不曾得到多少尊重和理解。无论长辈还是亲朋好友，似乎都觉得母亲的奉献是理所当然的，挂在嘴边的永远是父亲在外赚钱养家有多辛苦。

秦雪幼年时，父亲有过一段短暂的出轨经历，差点儿抛弃了母亲和她。事情被撞破之后，作为过错方的父亲不仅不知错，反而表现得毫无愧意，甚至主动提出离婚。反而是受了委屈的母亲，一直在竭尽全力地挽回这段婚姻，甚至步步退让，然后一个人在背地里默默流泪。

那时的秦雪年纪虽然不算大，但对这些事情已经有了模糊的记忆。她曾小心翼翼地问母亲，为什么不选择和父亲离婚。母亲红着眼睛，喃喃自语："离什么婚呀，离了婚就什么都没有了，一个家就这样散了……"

那时候，年幼的秦雪不懂得母亲的怯懦与无奈，直到年龄渐长才逐渐明白其中缘由。作为传统女性，母亲认为丈夫和孩子就是她生活的全部，自己就应该无私奉献，为家人付出所有，即便受了委屈也只能打碎牙齿往肚子里咽。她认为失去家庭，自己就真的没有存在的意义了。

同时，作为全职主妇的母亲几乎没有收入，只能依赖丈夫生活。在秦雪看来，那时候的母亲就如脆弱的菟丝花一般，必须攀附在父亲的身上才能生存，因此，无论发生什么事情，她都无法理直气壮地转身离开。

父母的不幸婚姻，成为秦雪记忆中最可怕的阴影。她害怕有一天会在自己身上看到母亲的影子，害怕婚姻剥夺了她的自由，毁灭了她的人格。

随着年纪越来越大，见证了越来越多失败的婚姻，秦雪对婚姻的恐惧变得越来越大。所以，她告诉自己："我不能成为母亲那样的人，不能步入那样的婚姻。"即使她遇见一生所爱，如同真正夫妻一般生活在一起，并且拥有了共同的孩子，她对婚姻的恐惧和抵触也没有丝毫减少。

在秦雪的认知中，似乎只要不去领那张薄薄的结婚证，她就不会失去自由、失去自我……

很多不想结婚、不愿结婚的人，其实都和秦雪有类似的想法。他们将婚姻看作一种束缚，似乎只要选择了婚姻，就必定会失去自由甚至自我。

诚然，结婚会加重我们肩上的责任，但这并不意味着我们从此不能拥有自由、失去自我。更何况，维持家庭的平稳，并

不是哪一方理所应当背负的责任，而应该是每个家庭成员都为之努力和奋斗的目标。

令人欣慰的是，时下社会已经越来越多地正视和肯定全职太太的付出。

新出台的《中华人民共和国民法典》第一千零八十八条规定：夫妻一方因抚育子女、照料老年人、协助另一方工作等负担较多义务的，离婚时有权向另一方请求补偿，另一方应当给予补偿。显然，这项新规定对保护全职太太在婚姻中的权益是非常有利的。

这项新规定的出台，意味着社会的主流价值观已经开始发生改变，那些为婚姻和家庭选择牺牲、奉献的全职太太开始逐渐进入大众的视野，得到大众的理解与支持。这是社会的一大进步，也是我国针对婚姻与家庭等方面研究的一大进步。

更重要的是，只要我们做到有自己的工作和事业，保持独立的思想和人格，不依赖、不攀附，就会尽可能地避免婚姻出现悲剧。

◆ 和爱人一起，讨论你们对婚姻的怀疑态度

自从答应男友阿根的求婚后，李薇的狂喜情绪就渐渐冷却下来，开始陷入无边的恐慌。无数的怀疑与担忧涌上心头，她一遍遍地在脑海中质问自己："你真的要结婚吗？你真的确定是他吗？你真的不会后悔吗……"

李薇和阿根的感情很好，从初中开始就是同学，说是青梅竹马也不为过。其实，很多人不知道，李薇是下了多大的决心、克服了多少的恐惧，才点头答应男友的求婚。

倒不是说阿根存在什么缺陷，而是因为李薇的内心对婚姻是非常抵触的。这主要得从李薇的父母开始说起。

李薇的父母是自由恋爱而结合，那时候，两人的恋情还遭到双方家庭的反对和阻挠。最终，坚定的爱情战胜了一切，他们携手迈入婚姻的殿堂，拥有了爱情的结晶。

在李薇的记忆中，儿时的她应该也曾度过一段幸福快乐的日子，但那段记忆实在太过久远，模糊得就连她自己有时都分

不清究竟是真实存在的事情，还是自己虚构的温馨和快乐。

但对于后来的事情，李薇却印象深刻。那时父亲下岗了，事业的不顺利和家庭经济的拮据压垮了这个男人。不知从什么时候开始，父亲染上了酗酒、赌博的毛病，整天沉溺在失败中不可自拔，自暴自弃地发泄着心中的怨气。

一开始是父母无休止地争吵，后来甚至发展到彼此拳脚相向，再后来便是没有尽头的冷暴力。这是原生家庭留给李薇最清晰也最深刻的记忆。

无论是父亲狰狞的表情，还是母亲麻木冷漠的眼睛和不时带伤的脸，都让李薇对婚姻充满了反感和不信任。尤其是常常听到身边的长辈亲朋叹息着父母曾经的相爱，更让她对婚姻恐惧不已。她甚至一度觉得，是婚姻蚕食了父母之间的爱情，毁掉了家庭的一切美好。

答应阿根的求婚后，那些不好的往事悉数浮上心头，李薇无数次梦见自己的身影和母亲的身影重合在一起，父亲狰狞可怖的表情渐渐蔓延到男友脸上。

恐惧就像一个深不见底的黑色洞穴，照不进一点儿阳光，并且把李薇不断地吸进去。她开始回避阿根，每次与他相处时都不免有几分焦躁和迁怒。

对于李薇情绪和行为的反常，阿根很快就察觉到了，两人毕竟认识了 10 多年，也了解过李薇的家庭情况。为了解决李薇的困扰，阿根决定和李薇开诚布公地好好聊一聊。

面对阿根坦诚包容的目光，李薇终于将自己内心对婚姻的恐惧与怀疑倾诉出来。她承认自己不信任婚姻，内心甚至是拒绝的，有时候认为母亲一生最大的不幸，就是步入了一场错误的婚姻。

听着李薇一点点讲述自己内心深处的恐惧和担忧，阿根没有责怪她，而是将整理好的新《婚姻法》条文放在李薇面前，说道："我知道，再多的保证都无法打消你对未来的担忧，也不可能立刻改变你内心对结婚的恐惧和抵触。那么，我们就来说一点实际的问题吧。

"如果我们真的拥有了一场不幸的婚姻，那么无论我还是你，都是可以单方面提出离婚的。新《婚姻法》规定，即便提出离婚诉讼被法院驳回之后，只要双方又分居满 1 年，一方再次提出离婚诉讼应当准予离婚。这条规定给予我们更多的离婚自由，即使双方都没有过错，离婚也不会那么困难。

"而且，结婚以后，即使你像你母亲一样选择做一名全职太太，真的走到离婚这一步也不会变得一无所有。

"你在抚养子女、照料老人、协助对方工作中承担了很多，离婚时是有权向另一方请求更多补偿的，这一点法院也会支持。所以，哪怕走到那一步，想要跳出这座'围城'的时候，也不会有那么多的桎梏。

"此外，在婚后，无论任何一方赚到的小金库，即便没有告知对方也是属于夫妻共同财产。但是，无论任何一方，如果在另一方完全不知情的状况下欠下的债务，则属于个人债务，不需要伴侣去承担。

"薇薇，我们是真心相爱的，我会给你一个幸福的家，法律则会成为你保护自己的武器。有了这样的保障，你还有什么可担忧的呢？婚姻没有那么可怕，即使我们最终没能好好经营这场婚姻，你也完全有机会、有权利选择抽身而出，重新选择自己的未来。结婚并不意味着毫无退路，也不等于一定要把自己生活的选择权交到另一个人手中。"

在阿根的开解下，李薇慢慢地敞开了心扉，决定做一番尝试。不久后，两人步入婚姻的殿堂。

结婚确实是我们人生中的头等大事，也会让我们的生活发生翻天覆地的变化。但正如阿根所说，选择结婚并不意味着自己的人生再也没有退路，也不等于自己就注定不幸。

很多婚姻是不幸福的，但只要我们好好地去经营和维护，婚姻生活就会是幸福、美满的。即便做最坏的打算，我们也可以在走投无路时理智地选择抽身而出，让自己在未来拥有更多的选择。

所以，别再对婚姻充满恐惧了，和爱人一起坦诚地聊一聊彼此对婚姻的态度和看法，讨论一下对婚姻的怀疑吧！结婚之前，事先了解彼此的婚姻观，之后的争执和矛盾就会少很多。

◆ 请安心，婆婆其实没有那么可怕

对于很多女性来说，在结婚这件事上，最担忧的问题不是夫妻关系，而是婆媳关系。温雅也不例外，今年已经跨过 30 岁门槛的她始终不愿走入婚姻殿堂，很大一个原因就是不想处理复杂的婆媳关系。

温雅，虽然名字听上去温柔优雅，但实际上她是个脾气火暴的女孩，这一点承袭了她的妈妈和奶奶。

是的，温雅的妈妈和奶奶都是那种脾气火暴、性格强势的女人。可以说，温雅从小就是在妈妈和奶奶之间的婆媳斗法中长大的，这也让她对可怕的婆媳关系有了更深刻的认识。

有人说过：如果你希望婚姻幸福的话，那么在嫁给一个男人之前一定要见见他的母亲。他的母亲是否好相处，往往比他本人是什么样的更重要。

大多数人听到这句话，大概都只会把它当成对婆媳问题的一种调侃，但对温雅来说，她是极为赞同的，毕竟妈妈和奶奶之间无休止的"掐架"已经让她厌烦不已。

温雅交往过一个男朋友，两人是大学同学，志趣相投，性格合拍，彼此的感情也非常好。大学刚毕业，男友就向温雅求了婚，并且很快见了双方父母。

原本一切都很顺利，但在相处的过程中，温雅渐渐发现，男友的母亲是外柔内刚的人，看上去温温柔柔的，但实际上很强势。尤其是商量结婚相关事宜时，她总是事事插手，希望男友和温雅听从自己的意见。这让温雅感到压力巨大，仿佛已经预见到未来婆媳之间永不停歇的战争。

最后，温雅还是跟男友分了手。虽然她很爱男友，但只要一想到可怕的婆媳关系，就有一种无力感和抗拒感。之后，温雅又谈过几次恋爱，但始终没能迈入婚姻的殿堂，因为她总能在准婆婆身上找到许多问题。

30 岁那一年，在家人逼婚的压力下，温雅嫁给了通过相亲认识的丈夫。他是一个平平无奇的男人，条件比不上温雅的任何一个恋爱对象。温雅也谈不上多喜欢他，只是觉得还算看得上眼，只有一点是她非常满意的，那就是丈夫的父母都已经去世，家里也没有兄弟姐妹，而且他还是个外地人，几乎没有需要往来的亲戚。

然而，婚后生活并没有温雅想象的那样轻松。虽然没有需要往来的亲戚，也没有需要烦恼的婆媳问题，但因为缺乏共同的语言，也没有相投的志趣，夫妻间的感情并不算亲密。而且，因为无人帮衬，温雅怀孕、坐月子都只能让自己的父母来照顾，丈夫反倒成为可有可无的存在。

温雅偶然在路上碰到过初恋男友一家，那时的他已经结婚，并且有了一个可爱的儿子。听说他的妻子和母亲相处得不错，他的母亲虽然有些强势，但是挺通情达理的，不会过分干涉儿子小家庭的生活。婆媳两人经常会撇开家里的男人一起相约逛街，好似姐妹闺蜜一般。

直到此时，温雅才后悔不已。她明白过来，婆媳关系的好坏在于婆婆的态度，也在于媳妇的尊重与沟通。更何况，婚姻需要面对的问题非常多，婆媳问题只是其中很小的环节，一场婚姻是否幸福，并不完全取决于婆媳关系究竟好不好。

所以说，婆媳关系真的那么可怕吗？其实未必。

与人相处本就是一门需要琢磨研究的学问，无论是跟朋友、同事、伴侣还是客户相处，都会存在各种问题，产生各种矛盾。婆媳相处，从本质上说也没有什么不同。

　　或许儿媳跟婆婆志趣相投，能从婆媳处成闺蜜；或许能相互尊重，友好地相处；或许性格和三观不合，总是不能凑合到一块儿……但无论是哪种情况，说到底，只要我们做好自己，尊重婆婆，不过于计较和猜疑，婆媳关系就不至于走到可怕的地步！

　　婆婆只是一个普通人，就像你和我一样，只是多了"婆婆"这样的一重身份而已。放平心态，将心比心，别把婆婆妖魔化，其实她真的没有那么可怕。

　　还不如意，婆媳关系可以保持"一碗汤"的距离，该关爱和尊重的时候就关爱和尊重，该保持距离的时候就保持距离，婆媳矛盾就不会成为家庭和睦的定时炸弹。

第 4 章　控制失格

——因为我爱你，婚姻成为对抗不息的博弈

　　爱情和婚姻中，"我爱你"三个字一旦成为企图要挟、控制、改变对方的理由和借口，婚姻迟早会失去平衡，走向不幸和毁灭。

◆ 为了重视感，"我"必须是对的

　　李雪和陈明离婚了。直到手里拿着那个写着"离婚证"三个字的小本本，李雪还有些回不过神来，她怎么也想不到自己的婚姻竟会是这样的结局。

　　李雪和陈明是高中同学。那时候，李雪是校花，身边有许多追求者，陈明就是其中之一。

　　一开始，李雪对陈明没有特别的感觉，虽然陈明也很优秀，但在众多追求者中并不是最出色的。但是陈明这个人非常执着，整整追了李雪三年，就连高考后报志愿都是照着李雪抄的。最后，陈明如愿以偿地和李雪上了同一所大学，李雪也终于被陈明打动，成为他的女朋友。

　　有人说过，男女之间的感情就像一场博弈。

　　在李雪与陈明的这场博弈中，一开始显然是李雪占尽优势。李雪也深知这一点，因此在和陈明的相处中从来不掩饰自己的坏脾气，有时甚至还会无理取闹，常常是五天一大"作"、三天一小"作"。

陈明性格比较稳重，脾气也好，对李雪的"作"一直抱着宽容和退让的态度。一是因为他真的很爱李雪，二是觉得女孩子"作"一些没有什么大不了的，男友就应该宠着和爱着对方。

当然，两人也曾发生一些争吵和摩擦，但绝大多数时候都是以陈明低头认错而告终。

大学毕业之后，李雪和陈明结婚了。很快，李雪就怀孕了，便一直待在家里。等到孩子出生以后，李雪把绝大部分的精力放在照顾孩子上，自然就没有办法找工作。就这样，在一步步主动或被动的选择下，李雪成为一名全职妈妈。

自从有了孩子，家庭开销就大了很多。为了缓解家庭的经济压力，陈明向公司提交申请，调职到一个需要经常出差但薪水更高的岗位上。这样一来，陈明的工作越来越忙，时常加班加点、出差、应酬，几乎没有时间照顾孩子和李雪。

这样的生活状态让李雪越来越没有安全感，担心丈夫经常不在家，自己整天围着孩子和灶台转，很快会成为人人厌恶的"黄脸婆"。她变得越来越喜怒无常，时不时就发脾气，而陈明自觉对李雪有所愧疚，不管她怎么"作"，都尽可能顺着、哄着。

然而，陈明的退让并没能解决夫妻俩存在的问题，反而让他们的关系变得越来越失衡。

以前谈恋爱的时候，李雪就总是喜欢故意"逼迫"陈明做一些他不喜欢的事情，以此证明陈明对自己的爱。比如，让陈明吃他最讨厌的榴莲，或者在逛街的时候故意让他帮自己背着粉红色的女士包包。

现在，缺乏安全感的李雪在这方面更是变本加厉，只要陈明有一点点不顺从她的意愿，她就会变得歇斯底里，认为陈明没有那么爱自己了。

一次，李雪在微博上看到一些人在争论到底是甜豆花好吃还是咸豆花好吃，她便顺口问了下陈明是喜欢甜豆花还是咸豆花。陈明笑着回答说："肯定是咸豆花，甜豆花能跟咸豆花比吗？"

这原本只是两个人的随意闲聊，但听到这个答案后，李雪却有些不高兴，非要逼着陈明改口说甜豆花比咸豆花好吃。陈明也没放在心上，随口跟李雪争辩了两句，称赞了一番咸豆花的味道。没想到的是，李雪开始大吵大闹起来，非逼着陈明向她道歉。最后，两人发生了激烈的争吵。

类似这样的事情在他们的婚姻生活中可谓层出不穷。无论什么时候，只要陈明的想法和意见与李雪不一致，李雪就会歇斯底里地跟他争执，非要逼着他"认错"，仿佛她是绝对的权威——一旦陈明跟权威不一致了，他就是错的，就应该被指责，需要立即赔礼道歉。

最终，陈明再也无法忍受李雪的这种无理取闹，向李雪提出离婚，并不顾李雪的反对，一个人搬出他们辛苦建立的小家。后来，陈明更是直接调到外地工作，跟李雪保持分居的状态。

虽然李雪不想离婚，但她明白，即使自己无过错，但是新《婚姻法》规定：若是自己过了哺乳期，只要陈明坚持与自己分居并满两年后，仍可向法院提起诉讼离婚。

就这样，这场婚姻走向终结，李雪也失去了这个曾经很爱自己的男人。

可以说，李雪的"作"和无理取闹，很大程度上源于她缺失自信和安全感。

一开始，作为被追求的对象，李雪在陈明面前是"高高在上"的，甚至为了彰显这种地位，时不时提出一些诉求去为难陈明。陈明的每一次妥协和退让，都能让她的优越感和虚荣心得到一定程度的满足。

结婚生子之后，李雪的人生发生巨大转变，逐渐失去自己最大的资本——青春和美貌。再加上她没有经济来源，每天只能围着孩子转，所以在陈明面前，她其实非常自卑，缺乏安全感。

为了找回被重视的感觉，确保自己"高高在上"的地位，李雪开始变本加厉地否定陈明、欺压陈明。因为只有这样，确保自己是"对"的，陈明是"错"的，李雪才能让自己始终保持在一个比较高的位置。

只有在陈明的退让和妥协中，李雪才能感受到陈明对她的爱与重视。

然而，事实证明，这样做的结果只能加速婚姻的崩溃，并不能真正弥补我们步入婚姻之后失去的自信和安全感。

所以，我们要调整自己保持积极正确的心态，一方面给自己信心，努力做好自己；另一方面给予伴侣信任和尊重，并且保持平等的沟通。如此一来，爱的天平才不会倾斜，婚姻的城堡才不会倒塌。

◆ 控制者最害怕受控者产生独立倾向

张芸芸和宋浩谈恋爱的时候，家人和朋友都不是很支持，所有人都认为宋浩配不上张芸芸。

单从外形上说，张芸芸是一位肤白貌美、大长腿的美女，宋浩的身高只有 1.7 米，体重却是 80 千克，长相勉强能算周正；从学历上来看，虽然张芸芸只上了普通大学，但好歹是个大学生，宋浩则只有普通中专的文凭。

当然，张芸芸之所以选择宋浩也有自己的考量。

张芸芸的家庭条件不好，父亲早年伤了腿，不能做太重的活儿，母亲是个大字不识的农村妇女，只能靠辛苦工作维持这个家。她自己虽然长相不错，但算不上那种令人惊艳的美女，更是万千普通职员中的一个。宋浩虽然其貌不扬，学历也不高，但家里是做生意的，算是小有资产。

因此，综合考量下来，张芸芸认为宋浩是一个非常合适的结婚对象，至于爱不爱的，并不是那么重要。

早在结婚之前，宋浩家里就给他们全款买了车和婚房，让他们不必像很多年轻人那样承担过重的生活压力。刚结婚的时候，宋浩对张芸芸确实很好，对她关爱有加，还时常担心她在工作中受到委屈。

宋浩家里经营着一家饭店，张芸芸在一家小广告公司做文员。结婚后，宋浩向张芸芸提出让她安心待在家里，不必那么辛苦工作，还说："你要是不愿意一个人待在家里，可以到店里帮忙。要是不愿意帮忙，可以休息一段时间，调养下身体开始备孕……"

可是，张芸芸拒绝了丈夫的好意，认为文员的工作虽然赚得不多，但毕竟能体现自己的价值，并不想放弃。

之后，宋浩又几次提出让张芸芸辞职，但她仍旧有些犹豫。直到有一次，张芸芸因为工作上的事跟同事闹了一些不愉快，回到家后忍不住向宋浩诉说了自己的委屈。

张芸芸以为宋浩会安慰自己，但是没想到，他听完之后非但没有说些安慰话，反而说："你这人的脑子本来就不聪明，还非要给人家拖后腿，人家能不怨你吗？我早就说过，你这个工作的工资还不够我请人吃一顿饭的，早该辞职了！"

宋浩的话，让张芸芸听得有些不舒服，刚要反驳和发作，宋浩又开始温言软语地哄她，说自己是心疼她，不想妻子在外面被人欺负。

听着宋浩讲了一堆软话，张芸芸也就没再说什么，只当他是心疼自己而已。

不久，张芸芸怀孕了，宋浩又一次提出让她辞掉工作的事情。这一次，张芸芸同意了，辞职之后便安心在家养胎。

张芸芸怀孕期间，宋浩以担心她的身体为由，很少让她出门。张芸芸偶尔去赴朋友的约会，每次宋浩都不情愿，有时甚至非常不高兴。

有时候，张芸芸也会生气，认为宋浩限制了自己的自由。宋浩每次都会以"我是关心你"为由，反过来指责张芸芸一点儿也不体谅他。慢慢地，张芸芸很少再与朋友聚会，几乎大门不出二门不迈。许多朋友也不再联系她，跟她的关系也逐渐疏远。

孩子出生以后，张芸芸更加忙碌，她把所有的时间和精力都花费在照顾家庭上，几乎没有私人时间。

宋浩对张芸芸也不再像从前那样关心，有时候好几天不回家。若是张芸芸询问几句，他则会表现得十分不耐烦，有次甚至借着醉酒对张芸芸拳脚相向。事后，跟所有的渣男一样，宋浩表现得万分后悔，痛哭流涕。

　　我们都知道，家暴这种事情，有了第一次就会有之后的无数次。之后，宋浩时常家暴张芸芸，不允许她外出、与朋友联系，甚至限制她回娘家。张芸芸只能默默忍受，甚至有些认命。

　　一个偶然的机会，张芸芸的一个朋友知道了她的事情，劝她离婚。没想到的是，张芸芸却反过来指责朋友破坏自己的婚姻。

　　在张芸芸看来，自己已经不再年轻，自从辞职之后就没再出去工作过，要是离了婚，她又该怎么养活自己呢？更重要的是，自从结婚以后，她的世界变得越来越小，家庭几乎是她生活的全部……

　　最终，朋友没有说什么，只是不再跟她联系了。张芸芸也继续麻木地守着这场破碎的婚姻，继续着日复一日的生活。

　　在张芸芸和宋浩的婚姻中，宋浩对张芸芸的控制是有迹可循的。首先，他通过语言不断否定和打压，一步步摧毁张芸芸的自信，让张芸芸对自己产生怀疑；然后，抓住一切机会来劝说张芸芸辞职，使其失去独立的经济来源；接下来，进一步利用张芸芸怀孕的契机，以"关心身体"为名，一点点切断张芸芸与外界的联系，让她只能局限在家庭中。

　　可以说，宋浩所做的一切，实际上都是在摧毁张芸芸的独立性，让她一步步失去独立的行为和思想。可悲的是，张芸芸没有发现宋浩的意图，一步步陷入对方早已准备好的陷阱，最后无法自拔。

其实，对于控制者来说，他们最害怕的就是被控制者产生独立倾向，因为他们控制对方的唯一资本，就是对方对他们的依赖。对于被控制者来说，最可怕的是失去独立性，失去独立思考的能力，把自己的人生完全交到对方手里。

所以，无论任何时候，我们都要有独立性，做到经济和精神上的独立，用自己的双脚走好人生之路。那么，即便对方的控制欲再强，我们也可脱离出来，继续过着快乐的生活。

◆ 虽然他是你的伴侣，但他更是他自己

结婚三年来，江兰对丈夫杜江越来越不满意，时时刻刻都能从他的身上发现很多问题。

江兰比杜江大 3 岁，是杜江大学时候的学姐。当时被杜江追求的时候，江兰其实是非常犹豫的，虽然她对这个大男孩有一些好感，但也认为他跟自己的理想型伴侣实在相差太大。比起找一个小鲜肉，江兰更希望自己的伴侣是那种成熟稳重的男子，甚至说她喜欢大叔型的男士。

后来，在杜江热情真挚的攻势下，江兰还是被爱情冲昏了头脑，最终答应了这个大男孩并成为他的妻子。

平心而论，跟杜江在一起之后，江兰确实过得非常开心，她的性格比较稳重内敛，杜江则热情大方、活泼开朗。可以说，杜江唤起了江兰对生活的激情，也带给她许多不一样的体验。

但生活不可能天天都是激情，尤其是在结婚之后，日子终归要落到充满烟火气息的现实。激情冷却之后，问题便接踵而

来。江兰发现杜江身上的许多特质与自己理想中的伴侣差距实在太大，于是，她决定改造不成熟的杜江，把他变成自己心目中的理想伴侣。

一开始，江兰以为自己对杜江的改造会非常顺利，因为她的性格比较强势，在两个人的相处中一直处于主导地位。而且，杜江对自己很是迁就，愿意听从自己的话。可是很快，江兰就发现事情没有按照她所期望的方向发展，反而促使两人的矛盾越来越多。

江兰感觉自己好像养了个儿子，从吃饭穿衣到为人处世，处处都需要操心，事事都需要手把手地教。杜江则在江兰的不断指责和挑刺下变得越来越"叛逆"，越来越不愿意回家，不愿意跟江兰相处、沟通。

江兰和杜江的关系，似乎陷入一种十分微妙的尴尬与疏离状态。

一次，因为处理工作上的一件紧急事情，江兰一直加班到深夜。当时地铁已经停运，她只好用手机软件叫了一辆专车。

开车师傅看上去 40 多岁，西装革履，车辆也价值不菲，实在不像缺钱的人。于是，江兰便好奇地问他为什么选择开专车，这么晚还不回家陪着家人。

听到江兰的问题，司机师傅笑了笑，语气平淡地说："不出车就得待在家里，那还不如出车呢！每天晚饭后跑几趟再回去，省得天天听我老婆念叨……"

司机师傅的回答让江兰感到震惊，不由得想到越来越晚回家、工作好像也变得越来越忙的杜江。想到这里，江兰心里有些不是滋味儿，便说了句："师傅，你这可太不厚道了，被老婆念叨不也是为了你好吗，不然她怎么不去念叨别人呢？"

听了这话，司机师傅看了江兰一眼，哼笑一声："为我好？为我好就是处处看我不顺眼，让我改这改那？既然我那么不好，看我不顺眼，当初为什么嫁给我呢？直接找个她看得顺眼的人，不是更好？哎，我真的搞不明白……现在的生活真的让我感觉心累，宁愿待在外边也不愿意回家。"

这场谈话给江兰带来很大的触动。她突然意识到，司机师傅的状态难道不就是杜江的状态吗？自己所说所做的一切，不也是司机师傅爱人所做的吗？自己一心挑剔杜江，想要把他改造成自己理想中的那样，却忽视了他的内心想法和感受。

杜江虽然是自己的伴侣，但更是一个独立的人，有自己的优点与缺点、性格与喜好，更有自己的思想和主张，怎么可能成为自己的牵线木偶呢？更何况，就像那位司机师傅所说的，如果一开始自己就对对方不满意，为什么要勉强呢？为什么不直接找个让自己满意的人呢？

那天晚上之后，江兰尝试着调整自己对杜江的态度，不再试图改变杜江、限制杜江。当江兰放下心中的执念之后，跟杜江的感情也再次升温，仿佛回到了之前的美好。

江兰终于意识到，当初自己之所以选择杜江，并不是被热情所迷惑，而是真的喜欢现在这个样子的杜江。

对于爱情和婚姻，每个人都有过幻想，曾一次又一次地在脑海中描摹过理想中的伴侣形象。但理想与现实往往存在差距，爱情总是充满意外，我们最终爱上和选择的人，或许与憧憬的对象恰恰不相符。于是，有的人在步入婚姻之后，便试图按照自己的意愿去"改造"伴侣，想要打造出完美的理想型伴侣来。

殊不知，这正是婚姻走向失败的原因。我们需要明白，他是你的伴侣，但同时更是他自己。他有独立的意识，有自己的个性与喜好，有属于自己的梦想和规划，这些都是组成他这个人的重要部分，是他身上最大的魅力。

当我们打着"关心他""为他好"的旗号试图控制、改造对方的时候，实际上就是在抹杀其独立与自由的特质，最终只能把对方推得更远。即便我们真的成功改造了他，婚姻也不可能长远和幸福——那个人已经不是真实的他，婚姻业已变了质。

所以，婚姻需要经营，相互尊重是前提。没有尊重的爱，满足的只是个人自私的意愿，与爱没有任何关系。在这种情况下，婚姻也注定不会幸福。

◆ 最完美的控制，就是尽量不控制

清雅和邱添结婚了，很多朋友都不看好他们的结合，因为他们实在是太不相配了。

清雅是个爱热闹的人，别看她的名字起得清高优雅，实际上她就是个彻头彻尾的世俗之人——爱好俗气，性格俗气，和"清高"二字简直背道而驰。

清雅年轻的时候，喜好喝酒、泡吧，和所有叛逆少女一样画着浓妆，头发染得五颜六色，身上还文了几个文身。年纪稍长，她的性情逐渐沉稳下来，但依旧喜欢呼朋唤友、长袖善舞，简直就是一个八面玲珑的"小人精"。

邱添是一个让人觉得很阳春白雪的人，骨子里写满清高和文艺。从学生时代，他就是那个让所有少女憧憬不已又始终不敢接近的"高冷男神"。步入社会，邱添跟之前相比有些"接地气"，但性子里的清冷没有太大改变。

这样看来，清雅和邱添就好像生活在不同世界的人，一边是极致的热闹，一边是入骨的孤高。大家真的很难想象，这样截然不同的两个人会走在一起，并且步入婚姻的围城。

然而，令人讶异的是，这对在外人看来十分不相配的夫妻，却一直携手走过一个又一个年头，感情始终如一。最重要的是，即使一起携手走过数个春秋，他们依然是那样的"不相配"：一个始终如一地在尘世繁华中热闹，一个始终如一地裹挟一身清霜傲骨，丝毫都不曾受到彼此的影响。

有朋友问过清雅，究竟她是拥有怎样的"驭夫之术"，才能拿下这个高冷男神并收获幸福婚姻的。清雅的回答只有一句话："永远不要试图控制和改变他。"

在清雅看来，无论是爱情还是婚姻都讲究你情我愿、两情相悦。如果对方不爱你，即便你把他看得再牢、控制得再紧也无济于事；如果对方爱你、重视你，即使你不管他，他也会把你珍而重之地放在心上。而且，既然当初你选择了他，就说明他身上的某些特质具有强烈的吸引力，让你不能拒绝和回避。既然如此，为什么要试图控制或改变对方呢？

正是因为有这样的豁达心态，所以，清雅和邱添这对看似"不相配"的夫妻，反而更懂得如何理解和包容对方。他们从来不会想着改变对方的性格、生活方式，更不强求对方进入自己的世界，而是在陪伴中学会尊重和包容。

匈牙利诗人裴多菲写过一首非常著名的诗，翻译过来就是："生命诚可贵，爱情价更高。若为自由故，二者皆可抛。"追求自由是人类的天性，没有谁喜欢被束缚成为别人手中的提线木偶，更没有人愿意失去自由的意志和思想。

我们儿时或许有过这样的体验：父母有事出门，因为担心你跑出去，就将你反锁在家里。面对这样的情况，很多人会产生焦虑感，哪怕你并没有出门的需求，家里也有足够的空间自由活动，但只要一想到那扇打不开的门，这种焦躁感就挥之不去，然后拼命地想要外出。

这是因为，人都有逆反心理，很多时候原本并没有想做一件事，如果总有人在旁边耳提面命，嘱咐你千万不要去做，反而可能勾起你就要做这件事的欲望。

其实，在爱情和婚姻中也是如此。当你越是想控制伴侣、干涉伴侣，将自己的想法强加在对方的头上时，就会越发引起他的反感，让他更想逃离你的控制。这就好比在路上走着，突然看到一个人气势汹汹地朝着你冲过来，你的第一反应是赶紧转身逃跑一样。

所以，如果婚姻是一场博弈，控制绝对是最差劲的招式。

在婚姻中，最完美的控制，实际上就是尽量不要去控制。就像握在手里的沙，我们越是用力，只会让它流失得越快。如果我们摊开手掌不去管它，它反而会安静地躺在手心。因此，千万不要想着改变和控制伴侣，也千万不要让婚姻陷入对抗的关系中。

◆ 想改变对方的控制欲，就去塑造他的安全感

"老婆，我们公司晚上要去聚餐……放心，我不会喝酒的，随时让小林向你报备我的情况……我知道你不担心，但是我想让你知道我的行程啊……"

每次听到上司老罗这么婆婆妈妈地跟妻子打电话，恨不得把自己每天上几次厕所都交代得清清楚楚，大家就不免暗自偷笑。大家真的无法想象，平时不苟言笑的老罗竟然是个"妻管严"，每天都要拿着电话跟妻子黏黏糊糊地报备行程。

其实，了解老罗的人都知道，以前的他不是这个样子。

刚结婚的时候，老罗对向妻子报备行程这种事情嗤之以鼻，认为夫妻之间应该彼此信任，给予彼此足够的空间和自由；如果做什么事情都必须交代得清清楚楚，那跟坐牢有什么区别？

老罗和妻子的感情非常好，因为两人是邻居，青梅竹马一起长大。因此，老罗一直认为两人既是恋人又是挚友，理应对彼此信任不已。他之前从不特意向妻子报备，无论是工作应酬还是朋友聚会。

一直以来，妻子也从来不会查老罗的岗，不会对他的事情刨根问底。正因如此，老罗都不知道妻子心里其实是非常缺乏安全感的。

事情的转折发生在两人婚后一年左右。那段时间，老罗的公司接到一个非常重要的项目，老罗作为项目总负责人开始变得十分忙碌，他把大部分的时间和精力投入工作中，每天早出晚归。

那时，老罗没有向妻子解释过什么，只是简单地说了一句自己最近工作特别忙。妻子也如以往一般表现得非常善解人意，从不过多询问。

可老罗怎么也没有想到，就在项目成功完成的那天晚上，他接到妻子发生车祸的电话。那场车祸并不严重，妻子只是受了一点儿轻伤，不过他们却失去了自己的第一个孩子——当时，老罗和妻子都不知道她已经怀孕一个多月，且胚胎发育并不好。

那场意外的车祸，除了给妻子的身体和精神带来很大的创伤外，还让老罗意外发现一个大问题。

一直以来，都只是老罗一厢情愿地认为两人存在非常牢固的信任关系，但是妻子并没有安全感，也不是十足地信任自己。妻子一直承受着巨大的心理压力，长久以来的压抑和焦虑甚至让她患上了轻度抑郁症。她一直暗地里对他进行着全方位的监控——会在半夜偷偷查看他的手机，在他应酬回来后仔细嗅闻衣服上有没有沾染香水味，甚至还偷偷跟踪过他……

那天晚上，妻子得知老罗要留在公司加班完成项目，而和他一起加班的还有一位年轻的女助理，内心便焦躁不已。辗转反侧之后，妻子无法控制地出了门，打算和以往一样偷偷去公司"看"一眼老罗。没想到，意外发生了车祸。

对于妻子的怀疑和不信任，老罗虽然有些难过，但更多的是心疼。妻子从小就生活在一个并不幸福的家庭，父亲酗酒、出轨、家暴，母亲忍无可忍，最后丢下年幼的她离开了这个家。后来，爷爷奶奶把她接到身边照顾，才让她勉强有了安稳的成长环境。

正是因为原生家庭的影响，妻子一直没有安全感，容易患得患失、自我怀疑。在老罗面前，妻子一直在掩饰自己内心的焦虑和怀疑，性格大大咧咧的老罗也一直没有察觉。

从那以后，老罗改变了自己的想法，不管做什么事情都喜欢向妻子主动汇报，还非常黏妻子。哪怕在外面买张彩票中了5 元钱，他都要跟妻子分享一番。虽然很多时候，妻子嘴上说着"不要讲那么清楚啦""我又不是不相信你"之类的话，但从她带笑的眼神中可以看出，她喜欢这种被重视、被依赖的感觉。

老罗知道有人会笑话自己，但他更知道自己的做法是正确的。既然妻子没有安全感，那么就由自己努力给她塑造安全感；既然妻子想要"控制"自己，自己就应该努力来配合。夫妻之间本就该这样，相互体谅，相互扶持，这才是最长情的告白和最温暖的陪伴。

婚姻是两个人的事，无论遇到什么样的问题，都应该由两个人一起面对和解决。同样，当婚姻出现问题的时候，也不可能只是某一方的错误。所以，如果想要让婚姻健康、稳定地发展下去，我们要学会从自己身上找问题。

现实生活中，很多已婚人士会抱怨伴侣有强烈的控制欲，不给自己留有自由的空间。但是，你为什么不反思一下，是否自己身上有着各种问题，没有让对方产生安全感呢？

要知道，很多时候，人的控制欲与内心安全感的缺失是息息相关的，因为缺少安全感，所以才会迫切地想要将一切事情掌控在手中。当然，有的人缺乏安全感是受到原生家庭的影响，但也有很多人缺乏安全感，与伴侣为人处世的方式脱不了干系。

信任的建立需要双方共同努力完成，如果我们只是一味地要求伴侣信任自己，一心想要摆脱伴侣的控制，却无法给予对方任何的底气和回应，那又凭什么要求对方对自己产生信任呢？

所以，请记住，如果想要改变伴侣的控制欲，努力维持家庭与婚姻的稳定，就从塑造他（她）的安全感开始吧！

◆ 当心！别让手机成为摧毁爱情的手雷

罗敏敏和徐博义是在朋友开的酒吧里认识的。

那时候，罗敏敏偶尔会去酒吧驻唱，徐博义则是酒吧的常客。一来二去，两人就认识了，一见如故，感情如干柴烈火般熊熊燃烧。没多久，两人就确定了恋爱关系，甚至飞速领证结了婚。

激情退却之后，罗敏敏和徐博义之间存在的诸多问题逐渐显露出来。

人的性格本就是复杂多变的，当初罗敏敏和徐博义之所以会这样快速地在一起，甚至冲动地闪电结婚，是因为他们觉得彼此特别投契、特别合拍。就像徐博义向罗敏敏求婚时说的："遇见你的那一刻，我就知道，你就是我灵魂中缺了的那根肋骨，只有和你在一起，我才是完整的我。"

然而，或许在某一方面，他们确实存在超乎寻常的默契，但这并不意味着两人在生活中的方方面面都是合拍的。真正走入婚姻生活，他们才发现彼此需要磨合的地方还有很多——小到生活习惯上的细节，大到对未来的想法和规划，都存在许多分歧和矛盾。

其实，这是每一对情侣在爱情路上都会经历的，俗称磨合期。只要顺利度过这个磨合期，就能找到平衡的相处之道，彼此的感情也会更加深入和稳定。可惜，他们失败了。

事情要从他们婚后的第一次争吵说起。

罗敏敏喜欢唱歌，也喜欢酒吧的氛围，她不认为结婚之后自己必须放弃喜欢的生活方式，也正是因为她去朋友的酒吧驻唱才和徐博义认识的。但徐博义不太愿意罗敏敏去驻唱了，毕竟酒吧鱼龙混杂，虽然说不至于出什么事，但作为男人，谁愿意自己的妻子天天被一堆人"调戏"呢？

为此，罗敏敏和徐博义大吵了一架，冷战了一个多星期。后来，徐博义先服软，并且给罗敏敏买了一台和自己同款的苹果手机。

　　罗敏敏是个"科技盲"，对她来说，用什么款式的手机没有多大区别。但对于徐博义送给自己的这份礼物，她还是非常喜欢的。原本这只是生活中的一个小插曲，但谁也没有想到，就是这台苹果手机成为促使他们离婚的导火索。

　　用过苹果手机的人都知道，苹果手机有一个非常特别的功能，就是可以互相定位。如果两台苹果手机登录的是同一账号，就可以通过账号查询对另一台苹果手机定位。

　　罗敏敏并不了解这些功能，平时无论是手机还是电脑出了问题，都是直接交给徐博义处理。所以，在罗敏敏完全不知情的情况下，徐博义私下给她的手机安装了定位，并且时不时根据手机定位，装作不经意地打个电话过去跟罗敏敏随意聊几句，进行悄无声息地"查岗"。

　　一次，徐博义到邻市处理公司的事情，晚上通过手机定位发现罗敏敏并不在家，而是在一家酒店。他当即拨打电话，装作什么都不知道地和罗敏敏闲聊，问她睡了没有。

　　电话那头，罗敏敏似乎犹豫了一下，然后告诉徐博义自己已经睡下了。那一刻，徐博义的心中一阵冰凉，认为罗敏敏是在欺骗自己，很可能是有了外遇。

　　徐博义挂完电话，就连夜赶了回去，怒气冲冲地直接奔向酒店"捉奸"。结果，"奸夫"没有抓到，房间里除了罗敏敏外，只有眼睛哭得通红的徐博义的表嫂。

原来那天晚上，罗敏敏突然接到表嫂的电话，说发现丈夫在外养了小三。听表嫂哭得伤心，罗敏敏担心她出什么意外，便连夜赶去酒店找她。那时，徐博义正好打电话过来，表嫂不让罗敏敏把事情告诉徐博义，罗敏敏这才犹豫了一下谎称自己已经睡下。

没想到，就是这样一个阴错阳差的误会，让徐博义认为罗敏敏背叛了自己。也因为这件事，罗敏敏终于发现了苹果手机的秘密。

最终，罗敏敏选择离婚。她无法接受丈夫对自己的不信任，更无法活在丈夫的怀疑与监视之下。

爱人之间的博弈，有时是一种情趣，但如果没有原则、底线，很可能就会踩入"雷区"，结果就是万劫不复。就像徐博义与罗敏敏之间，如果没有暴露手机背后的真相，在无数次的争吵与磨合之后，或许他们能为彼此的相处找到一条平衡之道，从而让爱继续延续下去。但是徐博义踩到了罗敏敏的雷区，让她彻底死心，义无反顾地选择离开。

今天，手机几乎成为所有人不可或缺的用品。我们每天做的事、说的话，甚至心中隐秘的想法，几乎都能够通过手机寻找到蛛丝马迹。于是，无数人试图通过手机窥探伴侣的隐私，掌握伴侣的行踪，甚至不少人把"对方敢不敢给你看手机"当成验证爱情与忠诚的标准。这些人总是理直气壮地说着诸如"如果没有问题，为什么不敢给我看"，或者"不敢给我看，就证明你心中有鬼"之类的话语。

那么，如果我们换一种思路，把手机换成日记，你还能理直气壮地说出这样的话吗？

每个人都有捍卫自己隐私的权利。日记是我们的隐私，手机又何尝不是？

更何况，当我们对伴侣缺乏信任甚至产生怀疑的时候，根源在于彼此间的信任与交流出现了问题。哪怕我们通过手机掌握了伴侣的行踪，或是知道他和每个人说过的话、做过的事，也并不能弥补自己所缺失的安全感。

　　所以，与其暗地里盯着那台小小的手机，想要通过手机窥探对方的秘密，甚至监视对方的一举一动，不如尝试着与伴侣建立良好的沟通，直接表明自己的想法，提出自己的疑问，手机就不会成为摧毁爱情的手雷。

　　给自己一点儿信心，也给你爱的人一点儿信任。这样，婚姻就不会失去控制。

第5章 冷漠反射

——结婚七年，是什么让彼此越来越冷淡

感情里最可怕的不是争吵，而是冷漠，因为争吵意味着彼此还有沟通，还愿意向对方表达想法。一旦一方开始冷漠，连争吵都不愿意，爱就没了，感情就淡了，只剩下疏离和冷淡。

◆ 执子之手不再颤抖，爱情究竟发生了什么

"听说婚姻是爱情的坟墓，那么，往后余生就让我们一起携手，带着爱情一路走向坟墓，陪伴彼此，长眠其中吧！"

这是乔琪和麦冬结婚时，乔琪写下的结婚誓言。那时候，乔琪觉得这浪漫极了，也坚定不移地认为她和麦冬之间的爱情一定不会随着时间流逝而褪色，哪怕到了七八十岁也一定会一如既往地深爱着彼此。

现在，乔琪却有些不确定了，有时候她甚至想：或许早在迈入婚姻门槛的那一刻，他们的爱情就已经开始一步步走向死亡。

结婚七年，他们共同孕育了两个孩子，一起送走了两位长辈。两人没有遭遇过惊天动地的考验，也没有经历过跌宕起伏的故事，日子就这么年复一年、平淡无奇地过着。无数的琐事相继涌入，一点点占据着生活，不知不觉中，爱情早已没有了生存空间。

乔琪还记得跟麦冬刚谈恋爱的时候，为了牵上她的手，麦冬做了很多让人啼笑皆非的傻事。比如，带她看恐怖片，结果自己被吓得够呛；过马路时装作一副很着急的样子，结果一不小心拉错了人。

那时候，乔琪明明早就看穿了麦冬的小动作，却恶趣味地假装不知道，故意使坏，给他制造障碍。要不然，哪有人真的能笨到连牵手都像喜剧电影里的情节一样笑料百出。

可是现在，别说牵手时加速跳动的心脏了，两人基本上已经很少牵手。出去散步时，麦冬都是双手往裤兜里一插，随意地说着自己工作上的事情，或孩子在学校的情况。就连那句曾经一直挂在嘴边的"我爱你"，乔琪都不记得有多长时间不曾听到了。

很多朋友不理解乔琪的忧伤，在大家看来，这不就是老夫老妻的相处模式吗？但是很显然，这样的话并不能安抚乔琪的悲伤和失落。

有时候，乔琪甚至会萌生出一种想要离开麦冬的冲动，她想告诉麦冬：如果不爱，还不如相忘于江湖，各自寻找新的幸福。但一想到年迈的父母和年幼的孩子，她就退缩了，感觉自己的想法真的可笑。

对于乔琪的异样，麦冬不是没有察觉到，只是他不明白，这一切的根源究竟在哪里，毕竟他们之间既没有矛盾也不曾争吵，彼此还有着感情。

为了缓解夫妻之间微妙而僵硬的气氛，麦冬特意空出一个周末，把孩子送到母亲那里，策划了一场和乔琪两天一夜的短暂旅行。

没想到的是，在这样平常的一天，一次并不特殊的出游，却让他们的感情再次恢复如初。

途中，他们乘坐的大巴车出了车祸。那一刻，乔琪还没有反应过来就已经被麦冬一把抱到怀里，牢牢护住，就仿佛一种印刻在骨子里的本能反应。

那一瞬间，乔琪突然深刻地感受到麦冬对自己的爱，那些藏在日常生活中的温暖细节突然在回忆中放大，不断地清晰起来：疲惫时帮她揉肩捶背的大手，胃痛时一杯温度正好的热水，即将跌倒时总能及时将她扶稳的臂膀……

从黑暗中醒来的时候，乔琪正躺在医院的病床上，因为麦冬的保护，她的身上只有些许并不严重的擦伤。幸运的是，麦冬虽然有轻微的脑震荡，但总体来说没有大问题，也只受了一些轻伤。

乔琪抱着躺在病床上的麦冬，哭到不能控制。这一次，听着他平稳有力并没有因为她投怀送抱而加速的心跳，她感觉无比满足。

感情永远是这个世界上最难衡量，也最难捉摸的东西。或许正如人们所说的，没有经历过失去，你永远不会知道某件东西或某个人对你来说究竟有多么重要。

很多时候，我们习惯于通过具象的表现来分析和捕捉情感的变化。比如，笑意味着开心、快乐；哭反映的是悲伤、痛苦；心跳的失衡与双手的颤抖，或许正预示着爱情的降临。

鲁迅说过，人类的悲欢并不相通。所以，在无法感知对方的情感或无法认清自己的情感时，你只能靠生活中的蛛丝马迹去推断爱情的存在或逝去。

然而，恋爱与婚姻毕竟是不同的。处于恋爱中的人在激情的影响下，或许常常会做出一些激烈的行为，以此表达和宣泄内心的爱。但激情终究会冷却，尤其是在步入婚姻之后，家庭的责任让你开始回归现实，情感的表达自然随之内敛和低调。

面对这样的落差，很多情感比较敏感和纤细的人容易出现一种错觉，认为对方的表现是爱情逝去的一种征兆，进而开始对婚姻失望，甚至冲动之下选择离婚。过后，这些人会发现自己错了，但这时已经失去了最宝贵的感情。

针对冲动离婚的情况，《中华人民共和国民法典》第一千零七十七条规定：自婚姻登记机关收到离婚登记申请之日起三十日内，任何一方不愿意离婚的，可以向婚姻登记机关撤回离婚登记申请。前款规定期限届满后三十日内，双方应当亲自到婚姻登记机关申请发给离婚证；未申请的，视为撤回离婚登记申请。

这一条文的修改，很显然针对的就是那些冲动离婚的人。这相当于给离婚双方增加了一个"离婚冷静期"，让他们有更多的时间思考自己做的决定，思考这场婚姻到底是不是真的已经不可挽回。

相比恋爱时感情的纯粹，婚姻中不可避免地会掺杂更多现实问题，以至于很多人步入婚姻之后都会产生一种强烈的落差，以为爱情已经不复存在。但实际上，很多时候，我们产生的落差感更多的是源于激情的冷却，而非爱情的消亡。

真正成熟的爱，隐藏于生活里每一个平凡的细节中，或许少了几分心动和神秘，但却是幸福最本质的味道。执子之手不再颤抖时，或许不是因为已经不爱，而是早已习惯将彼此融入骨血、融入生命。

所以，我们应该好好地审视自己的爱和婚姻，让自己冷静和理智起来，避免做出不可挽回的事情。

◆ 世上多少婚姻，都输给了不断强调的界限感

谭丽丽是从农村出来的女孩子，虽然学历不高，但非常有商业头脑，年纪轻轻就在大城市站稳了脚跟——拥有一家小店铺，并贷款买下属于自己的车和房。

谭丽丽 26 岁那一年，认识了高中教师张伟。张伟是本地人，家庭条件算得上中等水平，父母都是国企的退休职工。

谭丽丽长相漂亮，性格活泼，张伟很快就被她吸引，对她展开了追求。虽说在谭丽丽的众多追求者中，张伟不是最优秀也不是最帅气的，但"人民教师"的身份却让谭丽丽对他非常

有好感，两人很快就确定了恋爱关系。

恋爱两年后，谭丽丽和张伟领证结婚了。但是她一直都不知道，张伟的父母嫌弃她的家庭条件，对于他们的恋情比较反对，最后也因实在拗不过张伟才勉强同意这门婚事。

结婚之后，谭丽丽很快就察觉到公婆对自己的防备和不喜，尤其是在得知她每个月都会寄钱给乡下的父母和弟弟之后，这种表情就表现得更加明显。甚至有一次，谭丽丽还听到婆婆私底下嘱咐张伟，让他别什么都听妻子的，尤其是不要随便把自己的钱给谭丽丽拿去做"扶弟魔"。

就是从这时候开始，谭丽丽才真正认清公婆对她的态度。

其实，严格说起来，谭丽丽赚的钱比张伟的工资高得多，而且一直以来，她给家里汇钱都是自己做生意赚的，没有花张伟的一分钱。

当天晚上，谭丽丽便向张伟提出要求，以后生活上两个人采取"AA 制"。其实，谭丽丽有这样的提议，很大一部分原因是在赌气。她没想到的是，张伟竟然毫不犹豫地答应下来。张伟一直跟谭丽丽说，现在很多地方都流行这种"AA 制"的婚姻，即使是夫妻也应该保持一定的界限感，这样一来，婚姻才能长久、和睦。

虽然心里不舒服，但毕竟是自己先提出来的，谭丽丽也没有什么可说的。

谭丽丽本就有自己的房子，张伟家也在结婚前给他准备好了婚房，两人结婚后都没有想过再买房。而且，他们刚结婚不久，各自都有经济收入，实行"AA 制"并不是困难的事。

这之后，谭丽丽明显感觉到公婆对她的态度缓和了许多。她心里虽然还有些疙瘩，但总体来说，如果能因此避免许多争执也是值得的。

不久，谭丽丽怀孕了。她没想到的是，直到这个时候，张伟还在计较她每次产检的钱要怎么"AA"。那一刻，她突然觉得有些心寒，于是问张伟："那孩子出生以后，花在孩子身上的钱又要怎么算呢？该让谁来照顾孩子呢？"

张伟想也不想就说："我们可以办一张银行卡，每月分别存一笔钱在这张卡上作为抚养孩子的资金。平时带孩子的话，如果你实在忙不过来，我可以让我妈过来帮忙，到时候我们按照市价给我妈发点儿补贴就行了……"

谭丽丽气愤地质问："我怀孕期间不能工作，没有经济来源，该怎么办呢？"

张伟想了想，说："我们可以记账，我把钱借给你，等你能赚钱时再还给我！"

谭丽丽气结不已，不再说话。

最终，挣扎许久之后，谭丽丽决定放弃这个孩子，并跟张伟离了婚。回想这段日子，谭丽丽的心中竟没有丝毫不舍，毕竟一个连吃饭都要给钱的地方，她实在很难把它当作"家"。

"AA 制"是近些年流行的一种婚姻模式。从理性角度分析，它能够带来的好处有三点：一是夫妻双方的财产独立，最大限度地保障了彼此的利益，可以在一定程度上打消如"爱的是钱还是人"的顾虑和怀疑；二是为家庭中男女平等的实现提供支持，杜绝因经济收入的多少而产生对家庭地位的影响；三是即使婚姻失败，也不担心利益损失，避免利益纠葛带来的种种问题。

但从情感方面来说，"AA 制"从一开始就强调了夫妻之间明显的界限感，这对亲密关系的建立非常不利。《傲骨贤妻》中有这样一句经典台词："婚姻最大的魅力就在于，探索两个没有血缘牵绊的人究竟能够达成多么深度的连结。"

要想建立一段亲密的关系，信任和依赖是必不可少的因素，但"AA制"一直在强调夫妻之间的界限感。这就意味着，一段亲密的关系还没有建立，就已经画好了"楚河汉界"，久而久之，彼此之间就只剩下冷漠的利益商讨。

这样的夫妻关系发展到最后，与陌生人有什么区别呢？

说到底，我们选择"AA制"婚姻，只是为了让自己拥有一份保障，给自己留一条后路。实际上，新《婚姻法》中的许多法律条文就是为了尽可能地保障夫妻双方的利益而设置的，与其多此一举地用"AA制"不断强调婚姻中的界限感，倒不如学会运用法律武器让其成为自己最坚实的后盾。

据调查，选择"AA制"的夫妻中，87%的人最后选择了离婚。

这不难理解，毕竟在婚姻中除了经济利益的纠葛外，夫妻之间还存在情感和付出的问题。选择"AA制"的夫妻，他们所能"AA"的只有金钱，对于情感与付出，又该如何"AA"呢？这个问题如果无法弄清楚，所带来的结果就是在经济利益被"AA"的同时，情感出现大幅度的失衡与崩溃。

所以，在婚姻中，我们应该保持界限感，但不能过度强调这种界限感，更不能把对方排除出自己的世界，否则婚姻只能以失败告终。

◆ 爱是绚丽的烟火，制造情趣才能让烟火不熄

结婚 5 年，沐瑾和杨浩的婚姻开始进入倦怠期，牵着彼此的手，也好像左手握右手一样，没有一点儿波澜和激情。正常的夫妻生活也从每周一次直线下降到每月一次，还经常是草草了事，仿佛只是例行公事而已。

沐瑾长得漂亮、身材好，即使已经是两个孩子的妈妈，走出去依旧有不少人以为她是年轻的女大学生。但是，再美味的菜吃久了也会腻，现在的沐瑾对杨浩来说，她大概就像一盘吃了整整 5 年的美味菜肴，虽然美味依旧，但着实有些腻了。

有人说，性是检验夫妻关系的重要途径，性生活和谐能够更好地促进夫妻关系，让夫妻双方更容易感受到幸福与快乐。虽然沐瑾对这句话并不完全认同，但她很清楚，性生活的和谐

对于夫妻关系确实有着非常直观的影响。

为了解决这些问题，消除婚姻中暗藏的隐患，沐瑾决定向闺蜜晴晴求助。晴晴结婚比沐瑾要早一年，但直到现在她跟丈夫的关系依然十分亲密，每次大家聚会，都要被他们夫妻俩"秀"一脸的恩爱。这着实让沐瑾羡慕不已。

沐瑾把自己的烦恼告诉晴晴之后，没过多久就收到晴晴发来的购物网址链接。沐瑾有些疑惑，点进去一看，居然是一家情趣内衣店——里面不仅有各种性感撩人的内衣和睡衣，还有许多不同风格、类型的制服，光看图片就让人想入非非。

晴晴告诉沐瑾，虽然幸福的婚姻各有各的秘诀，但有一个共同点，那就是有情趣。制造情趣也并非完全是男人的责任，女人同样需要在平淡的生活之外用心制造情趣，从而让自己变得更加有吸引力，也能让彼此的爱情保鲜得更长久。

怀着忐忑的心情，沐瑾还是咬牙购买了两套情趣制服。收到快递的那一天，恰好是杨浩的生日，于是沐瑾请了半天假，特意回家布置了一番。

杨浩跟以往一样下班回家，一打开门便看到门口放了一个大纸箱子，箱子上贴着一张字条，写着：老公，生日快乐！

杨浩有些惊讶，也有些欣喜，同时反应过来今天是自己的生日。看着巨大的纸箱子，杨浩心里已经在猜测该不会是沐瑾把自己装里边了，毕竟这箱子的大小确实能装下一个人。

杨浩打开箱子之后，他看到的是一个穿着性感护士服、戴着听诊器、一脸羞涩地看着自己的沐瑾，并听到她温柔地对自己说："杨先生，你是想先吃饭，还是先检查身体呢？"

这天，杨浩和沐瑾都度过了一个与以往不一样的夜晚，仿佛又找回年轻时的激情。临睡前，沐瑾弯着嘴角，偷偷拿出手机收藏了那家店铺。她想，偶尔为婚姻增添些不一样的情趣，似乎真的是个不错的建议。

一直以来，我们所受的教育和接受的观念，都在强调集体、家族、家庭，鲜少有人提及个人的需求和感受。中国的大部分家庭教育和学校教育，在性方面也偏向于保守，以至于很多人在对于性的认知上会不自觉地把它和羞耻、道德败坏、犯罪、伤害等负面词汇联系到一起。

正因如此，很多人特别是女性在步入婚姻之后，会有意无意地弱化性在婚姻中的重要性。尤其是在有了孩子之后，家庭的重心往往会转移到孩子身上，鲜少再考虑夫妻之间是否还存在爱、激情和欲望。

然而，健康、幸福、稳定的婚姻，应该是灵与欲的结合，二者缺一不可。缔结婚姻的意义，不仅仅在于组建新的家庭或者延续新的生命，而是一起创造两人的幸福和快乐。

　　虽然说婚姻的长度不能单单以爱或不爱来决定，但缺乏爱的婚姻，其质量和幸福度必然都难以提升。一段有爱的婚姻，无论对夫妻双方还是对孩子来说，都是一种温暖的滋养；一段没有爱的婚姻，所带来的往往只有貌合神离的冷漠和伤害。

　　很多人对爱的认知其实是有些偏颇的。有的人将爱神秘化，认为爱情必然伴随玄妙的命中注定；有的人对爱嗤之以鼻，认为爱情不过是身体激素被刺激后的错觉。

　　爱究竟是什么，我们确实无法给它下一个准确的定义，但可以肯定的是，爱是每个人都能够通过经营所获得的。它如烟火一般，绚烂而短暂，有着长短不一的保质期，但我们完全可以为它"续费"和"充值"，让这场烟火在夜空中一次次绽放，永不熄灭。

　　夫妻之间保有爱情和激情，最有效的方式就是制造情趣。很多时候，爱情的消亡往往伴随着激情的退却，而激情的退却通常是由于缺失新鲜感。

　　人都会有审美疲劳，就好像我们吃一盘菜，刚开始觉得它美味异常，但若是天天吃、顿顿吃，总有一天必然会食不下咽。出现这样的结果，不是因为菜不够美味，而是因为我们对它已经太过熟悉，还没吃下去就能在脑海中将它的滋味想象出来——少了几分惊喜和新鲜，再好吃的菜也终究会厌倦。

　　爱情同样如此。随着新鲜感的减少，激情逐渐退却，彼此之间的火花便随之慢慢熄灭。如果在这个时候，我们能给爱添加一点儿火花，加入一些刺激，哪怕是即将熄灭的火花也可能再次熊熊燃烧。

　　情趣，正是我们给爱情添加的"火花"。

◆ 婚姻不只有一张床，还有彼此的驯养

　　在蒋娆交往的众多男友中，最令她难忘的是于洋。

　　于洋真的很优秀，长相帅气，头脑聪明，年纪轻轻就有了稳定的事业，为人也十分知情识趣。更重要的是，面对感情的时候，于洋非常理智且成熟，即便身边环绕着众多的莺莺燕燕，但他总能处理得妥妥帖帖，让恋人感到安心。

　　当初是蒋娆主动出击追求于洋的，这对蒋娆来说也算是一种新奇的体验，毕竟从小到大常年霸占校花榜的她，身边从来都不乏追求者。

　　在蒋娆的热情攻势下，于洋很快就成为她的男朋友。毕竟面对一个风情万种的美女，哪个单身男士能拒绝得了呢？

　　相比校园里那种拉一拉小手就能脸颊通红的单纯恋爱，成年人的爱情总是多了几分旖旎。而且，蒋娆本就喜欢于洋，她也不矫情，两人很快就打得火热。尤其是在性生活方面，两人有着高度的契合。

　　分手是于洋提出来的，这让蒋娆感到非常吃惊。虽然那段时间她确实感觉到于洋对自己隐隐的疏离，但因为工作比较忙碌，她也没有多少精力处理这些事情。更何况，蒋娆相信于洋不是那种无理取闹的小年轻，不会非要逼她回答类似"如果他和妈妈一起掉进水里，你要先救谁"这种无聊的问题。

　　于洋提出分手虽然让蒋娆有些意外，但当时她没有太当真，以为那不过是情侣之间又一次最平常的小摩擦，只要充分发挥"床头打架床尾和"的精神，没有什么矛盾是过不去的。

　　但这一次，蒋娆显然失算了。当蒋娆性感撩人地站在于洋面前撒娇时，收获的却是对方抱歉的态度，蒋娆知道，于洋是在认真地要跟她分手了。

　　了解了于洋的态度之后，蒋娆没有过多纠缠，而是潇洒地转身离开。那时候，她其实真的很难过，但最后的倔强与尊严不允许她露出任何的脆弱，那只会让她看上去更像一个狼狈的失败者。

　　之后，于洋成了蒋娆心里的一根刺，她始终不明白于洋为什么要跟自己分手,他们是如此的契合。但骄傲如她,既然分手,自然不可能再苦苦询问缘由,搞得自己要求复合似的。

听说于洋要结婚了,这让蒋娆非常震惊。更令她感到不解甚至有一丝愤怒的是,于洋的结婚对象居然是他的助理——一个平平无奇的"灰姑娘"。据说当初还是于洋主动追求那个女孩的,两人恋爱不到一年便进入婚姻的殿堂。

再次见到于洋已是婚礼之后了。当时,蒋娆并没有像电视剧情节那样获得于洋婚礼的邀请函,发挥一把"前女友婚礼抢风头"的技能。不过这一次,蒋娆终于忍不住问出了那一句:"为什么?"

于洋平静地说道:"我的母亲一年前去世了。"

蒋娆不解地看向于洋,那不正是他们分手后不久的事情吗?

于洋继续说道:"那段时间,我母亲的身体一直不好,我很担心,想接她过来一起生活,可她不愿意离开,说要守着我父亲的坟。那时候,我才意识到原来自己是一个这么缺爱的人,我害怕在失去母亲以后,就再也没有办法感受到那种温暖的爱了……"

于洋又说起自己的新婚妻子:"她是个特别温暖的人,很细心,跟她在一起的时候,你会有整个人都被关怀到的感觉……一次，我洗澡的时候不小心把习惯用的洗澡刷摔断了，还没等我说出口，第二天下班回去，走进浴室就发现了一把新的洗澡刷，而且是我惯用的牌子……"

那天，于洋断断续续地说了很多。在说这些事情的时候，他脸上的笑容很温柔，甚至透出一种孩子得到珍贵礼物后的隐秘炫耀感。那一刻，蒋娆的心里百味杂陈，原来并不是所有夫妻都是"床头打架"就能"床尾和"的。

性是男女关系中非常重要的一个环节，性生活是否和谐直接影响着婚姻的质量和幸福度。但这并不意味着，性就是爱情，或是婚姻中的一切。

男人与女人最初在一起的时候，确实可以用爱、欲望以及激情来维持彼此的关系，但欲望是随时可以更换对象的，激情也不可能长久维持。即使爱情，终究会在时间的流逝中褪色，到那个时候，男女之间就会回归到心灵的交流上。只有建立起心灵的交流，才能让彼此的感情长久维系下去。

就像蒋娆和于洋，他们最初的吸引就建立在激情和欲望之上，然后在激情和欲望的催化下萌生了爱情。但是，他们的关系很显然没有进一步深化，没有真正建立起心灵的交流。可以说，他们的身体很近，但心灵却很远。尤其是当于洋遭遇到情感上的挫折——即将失去母亲之时，这种心灵和情感上的疏离越加显露出来。这正是于洋最终选择离开蒋娆的重要原因。

所以，于洋选择的妻子不是风情万种、美丽性感的蒋娆，而是一个更能够留意到他的需求，并细心体贴地为他准备好一切的人。可以说，他需要的是情感与心灵上的真正契合和交流。

婚姻不仅仅在于一张床，而是承载着更多的东西，包括生理和心理两方面的。

所以，要想维持好一段婚姻，我们需要做的不仅仅是跟对方躺到一张床上，更重要的是对彼此的驯养，建立起心灵的羁绊。当彼此的心灵相通，不断地付出爱，才可能在不断的磨合中成为最能适应彼此的那个人。

◆ 依赖与疏离，上演着不同的悲剧

一天之中，你最喜欢什么时候？

如果有人问杨帆这个问题，他一定会毫不犹豫地回答："每天下班后，回家前在停车场里的那 15 分钟。"

每天下班开车回家，到停车场后，杨帆都会在车上一个人待 15 分钟，然后再回家。这是他每天雷打不动的行程，也是他在这一天中最放松的时刻。

这 15 分钟里，杨帆要么静静地坐着，或偷偷抽支烟；要么拿手机随便刷刷抖音、看看微博；有时候也可能什么都不做，只闭着眼睛小憩片刻。

杨帆有一个美丽温柔的妻子。结婚以前，杨帆喜欢妻子小女人般的柔顺性格以及对他的眷恋依赖，每当妻子用湿漉漉的眼睛看着他时，他都能从心底涌上一种难以言喻的满足感。那一刻，他觉得自己就是妻子的全世界——只不过，杨帆不知道原来背负起另一个人的全世界，会是这样的沉重。

杨帆爱妻子，正因如此，面对妻子的依赖，他更多的是幸福和满足。但每个人的生活都不可能只围绕一件事或一个人转，除了伴侣和爱情，杨帆还有亲人、朋友、工作、理想、兴趣、爱好……他不可能，也不愿意把所有的一切都驱逐出自己的生活，让妻子和爱情占据自己所有的时间与精力。

如果不是因为要工作来支撑家庭生活，杨帆毫不怀疑，妻子一定恨不得 24 小时都跟他待在一起。随着时间的推移，这样的依赖早已从一开始的甜蜜成为一种沉重的负担。

杨帆也尝试把自己的感受告诉妻子，但每次话还没说完，妻子就已双眼通红、泪流不止，仿佛杨帆做了十恶不赦的坏事一样。

现在，杨帆每天过得很累，除了正常的上班时间外，几乎失去了一切的自由。就连偶尔跟同事聚个餐，都能随时接到妻子的"催命连环电话"。

杨帆曾在心里隐秘地想过，如果离开妻子，是不是自己的生活就会有所改变。但他连"离婚"两个字都不敢说出口——他根本无法预测，这样依赖自己的妻子在听到这两个字之后会做出什么样的事情……

如果说杨帆与妻子之间的关系是一种过度依赖，那么，陆洁和丈夫之间的关系无疑是一种极度的冷漠和疏离。

陆洁和丈夫是通过相亲认识的，两人在公式化地交换了彼此的信息之后，都认为对方很合适，于是就迅速领证结婚了。婚后的生活波澜不惊，陆洁和丈夫也一直相敬如宾，没有多么亲密，也没有什么摩擦。

陆洁是一名外科医生，工作十分忙碌，只要医院有事，不分白天黑夜都必须立刻赶过去。因此，为了不影响丈夫的正常作息，家里准备了两间卧室，陆洁大部分时间会选择跟丈夫分房睡——倒不是夫妻感情不和，只是因为她睡一张床更自在罢了。

一天夜里，陆洁突然腹部绞痛，根据症状判断，她认为自己很可能是患了急性阑尾炎。陆洁有个姐姐住在附近的小区，于是她迅速拨通姐姐的电话，让她过来帮忙把自己送到医院。

折腾了一夜，把陆洁安顿好，姐姐才抽出时间给陆洁的丈夫打了电话，告知他这件事。原本，姐姐一直以为陆洁是因为丈夫有事不在家才向自己打电话求助的，但她怎么也没想到那天晚上陆洁的丈夫就睡在隔壁房间。

事后，姐姐满脸疑惑地问陆洁，当时为什么舍近求远，不向丈夫求助反而给自己打电话。陆洁似乎也有些错愕，过了许久才呆愣愣地说了一句："啊，我忘了家里还有一个人……"

无论是杨帆还是陆洁的婚姻，显然都存在着危机与隐患。

　　杨帆妻子的过度依赖已经成为一种沉重的负担和枷锁，一旦哪天超出杨帆所能承受的极限，婚姻必然分崩离析；陆洁与丈夫之间的疏离和冷漠同样如此，夫妻本该相互陪伴、相互支持，但即使在最危急的时刻，陆洁都想不起与自己仅仅一墙之隔的丈夫，这种关系甚至连陌生人都不如，这样的婚姻又如何能够持续下去呢？

　　曾看到这样一句话："过度依赖者，总是在设计陷阱，让别人承受他所不愿承担的责任和压力；那些疏离者，则是试图设计一个陷阱，让对方选择放弃主动权，然后由他来决定双方保持一个怎样的距离。"很显然，无论是过度依赖还是冷漠疏离，都不是健康、正常婚姻应有的姿态。

　　爱本该是互动的过程，包括获得和给予。过度依赖相当于过度索取，被索取的一方自然需要承担巨大的压力，一旦这种压力超过某个临界点，索取与被索取的关系就会失去平衡，最终走向崩溃。这也是许多看似如胶似漆、感情好得恨不得 24 小时都黏在一起的夫妻，最终难以走到最后的原因。

　　与过度依赖相对的，是现在许多夫妻面临的另一个问题：冷漠与疏离。爱情将两个原本毫无关系的人，用千丝万缕的情感联结在一起，双方是一种心灵上的联结；婚姻则是用条条分明的法律条文以及明确的责任，将两个人捆绑在一起成为利益共同体。

基于爱情建立的婚姻，是一种情感与责任的交融；缺乏爱情的婚姻，就如同一场冰冷的交易，一旦失去共同利益，彼此之间的责任捆绑便形同虚设，随时可能走向崩溃。

我国《婚姻法》中关于起诉离婚的问题，是这样规定的：因感情不和分居满2年可判离。在最新出台的《婚姻法》中，还有这样一条非常重要的修正：男女一方要求离婚的，可以由有关组织进行调解或直接向人民法院提起离婚诉讼……

从这条政策就能看出，已经有越来越多的人认识到冷漠疏离的感情对婚姻以及夫妻双方造成的伤害。

所以，我们要正确地认识和对待婚姻，既保持对伴侣的亲密关系，又维持合适的距离。其关键就在于不依赖、不疏离，把握好"适度"二字。

第6章　沟通错位

——婚姻的世界，容不下无法共情的宣泄

　　生活中，许多人感叹婚姻的不幸，叹息爱情的伤逝，他们觉得婚姻真的是爱情的坟墓。之后，吵架、冷战、孤独、争斗，这些婚姻之路上的敌人就会接踵而来，让他们焦头烂额……归根结底，这些危机其实有一个共同的根源，那就是沟通错位。

◆ 男人和女人，永远活在各自的世界里

一对夫妻因为汽车出现的一个小故障而发生争吵。

女："汽车的仪表盘上出现一个茶壶，而且一直在报警，我该怎么办？"

男："茶壶？是个油壶图标吧？仪表盘上出现这个标志并且报警，说明机油系统有问题，你先熄火，然后……"

女："啊？我一会儿还要陪闺蜜去看婚纱，三天前就约好了，没车开可怎么办？"

男："哦，那你快点儿打开发动机舱……"

女："汽车不是上个月才保养的吗？昨天还跑了个长途，一直都好好的，为什么现在会出这个问题？好烦啊！我们约好了时间的，一会儿我就要迟到了！"

男："你别着急，可能就是机油少了。你打开发动机舱，把机油标尺……"

女："我听不懂你在说什么，我马上就要迟到了！"

男："你能不能先安静地听我把话说完？"

女：“你生气了？”

男：“我没有生气，就是让你现在打开发动机舱，看一下机油标尺上的机油液面情况。”

女：“我知道你最烦听我抱怨……”

男：“我真的没有生气，只是在说车的事情，没有说你！”

女：“你果然生气了，我一开始就不该给你打电话，拜拜。”

男：“……”

看完这段让人啼笑皆非的对话，相信许多人会想起自己的种种经历。这样的沟通困局，其实与交谈和倾听技巧没有任何关系，完全是思维模式差异带来的冲突与矛盾。

很多时候，女性倾诉更多的是一种情感宣泄，而非具体建议，这也是男性的理性思维所无法理解的地方。换言之，女性在倾诉的时候，并不需要一个滔滔不绝提供各种建议的人，而是需要一个善于聆听、善于安慰的交流对象。

中国有句俗语：“女人的脸，三月天，说变就变。”婚姻中的男性想必有着相当深刻的体会。

从本质上说，这句话背后其实是男人和女人对世界的理解方式不同。通常来说，女性的思维方式偏重感性，男性则偏重理性思维，这也直接影响到男女之间沟通的方式和效果。

那么，婚姻伴侣之间的倾诉和交流，如何应对和把控才能达到最佳效果呢？这要从最根本的思维方式来分析。

还是那对夫妻。妻子在爬山时伤了膝盖，足足养了三个月才略有好转，却因一次旅游又加重了症状。她只能跟丈夫诉苦，可是丈夫不但没有安慰，反而来了一句："医生让你静养半年的，你为什么不听？"

丈夫是关心妻子的，担心妻子的伤继续加重，但说出的话却让妻子产生了误解，甚至气愤不已。她觉得对方根本就不关心自己，自己的膝盖旧伤复发，丈夫竟然不来安慰反而指责自己，这简直不能忍！

然而，现实生活中，大部分男性在女性面前都不是好的倾听者和安慰者。比如，不少丈夫见到妻子生气就会变得惊惶无措，即使想去安慰，也往往因为嘴巴笨而弄巧成拙，只会说"好了，高兴点"之类不疼不痒、不着调的话。

男人这样的反应，不仅不会让妻子好转起来，反而让她觉得丈夫根本不关心自己，说出的话只是敷衍，继而大发雷霆，严重影响两个人的感情。

虽然说陪伴是最基本的安慰，但当女性有了情绪想要倾诉时，无论是伴侣还是朋友总不能一直对望，相信沉默是金吧？虽然说安慰时不需要滔滔不绝，但最起码要给予一定的反应，从而让女性在心理层面感受到关怀和重视。

因此，面对妻子的倾诉，既然是感性的，丈夫就要学会用感性去应对，不要只想着提建议，而是第一时间去安慰，后面即便提出建议也一定要包装成"糖衣炮弹"，让对方更容易接受。比如，用"知道你已经很努力了，或许你可以这样试试"之类的措辞，就可以避免一场由倾诉带来的冲突。

同样，女性也应注意，当丈夫倾诉工作上的不如意、朋友间的误会时，妻子要学会理解和支持，给予丈夫安慰和鼓励，如说"虽然我不懂你工作上的事情，但可以成为一名倾听者""我永远支持你，你要相信自己"等，从而成为丈夫最温暖的港湾。

其实，很多时候，伴侣之间的沟通矛盾并非因为感情出现

问题，而是男女双方在思考问题方式上的差异引起的沟通错位。比如，面对烦恼时，男性常常隐藏自己的感情，女性常常通过表达情绪来宣泄烦恼；心情不好的时候，男性会默默消化，女性更倾向于通过释放情绪来舒缓压力。

这就是生活中很多女性试图表示关心，主动与处于烦恼中的男人交流时，反而进一步引发男人的烦躁产生争吵的原因。

此外，男女之间情感需求的差异也常常会让他们发生误解跟争论。比如，男人的爱情需求是肯定、信任和鼓励，女人的爱情需求则是尊重、贴心和安慰。

婚姻中的男人需要被信任，女人需要被呵护。女人的情绪波动比男人更强烈，男人则更希望另一半对他的规划表示认同，信任他能给她带来的一切。在这种情绪波动与规划认同的冲突中，男人和女人往往表现出完全无法理解对方的行为，这正是许多婚姻矛盾无法调和的原因。

面对这样的现状，你不妨试着接受男人（或女人）思维模式不同的客观事实。既然夫妻来自不同的世界，互有矛盾就再正常不过了。认清自己是不同的，发自内心地相信夫妻之间的感情，这才是婚姻持续的能量。

更重要的是，你需要学会设身处地地多了解、多沟通，尽量避免沟通错位。了解对方，并且让对方了解自己，你感受到的就不再是彼此的伤害和冷漠。

◆ 什么样的婚姻，难免演变成权力争斗

娇娇是一名舞蹈演员，丈夫则是一名舞台剧导演，在业界小有名气。两人有着共同的追求，相知相恋，成为人人羡慕的伴侣。

不过，婚后的娇娇在丈夫的建议下放弃了演员生涯，专心在家相夫教子，把家庭打理得井井有条。可是时间一久，她发现自己在丈夫心里的地位渐渐降低，家里所有的事情，包括自己的生活都必须听从丈夫的安排。

孩子上了幼儿园后，娇娇想要重新登上舞台，继续追求梦想，却被丈夫无情地拒绝了。这让她无法忍受，她觉得丈夫已经不是在"关心"她，而是在控制她，她在家里失去了所有的话语权和决定权。这样的婚姻不是她想要的，最终，两人无可避免地走向离婚。

有些人在婚姻生活中只愿意扮演强势的一方，另一方如果选择退让，往往会在退让的道路上一去不复返。对于另一方来说，退让甚至是自我牺牲不仅不会让局面变得更好，只会让对

方更加变本加厉。

　　其实，娇娇与丈夫在恋爱的时候已经针对这个问题商量过，说自己结婚后不会放弃事业和理想。丈夫满口答应下来，并且说结婚后家里的所有事情都听娇娇的。于是，两个人开开心心领了证，然后开开心心地过起小日子。

　　现在看来，丈夫当时的言语只是应付和敷衍罢了。

　　时间一久，丈夫似乎把结婚前答应娇娇的事情淡忘了，不知道从什么时候起，有什么事情也不跟娇娇商量。

　　考虑到自己辞去工作在家备孕，家里的开销都需要丈夫一个人来承受，娇娇忍下心中的不满。然而，丈夫的变化越来越大，家里的事情无论大小，他都要求按照自己的心意执行，觉得自己挣钱养家，理所应当是"一家之主"，也非常享受这种被人需要的感觉。

　　在一次向闺蜜的倾诉中，闺蜜的一句话道出娇娇在婚姻生活中的现状："你提出要求的时候，就是讨论；你丈夫提出要求的时候，就是宣布。"这句话总结得一针见血，让娇娇的泪水瞬间决堤。她没有想到当初憧憬的婚姻生活会演变到如此地步，甚至有了权力斗争的味道。

　　娇娇正是想要摆脱这样的权力斗争，一味地迁就导致自己在婚姻生活中越来越处于弱势地位，渐渐迷失了自我。好在她能够及时振作起来，做回了自己，又成为舞台上那颗闪亮的星。

其实，这一切都源于娇娇丈夫内心深处的大男子主义。他想要控制他们的婚姻生活，控制伴侣的思想和行动，认为家庭中以自己为中心理所应当。在恋爱时，他没有表现出这种强势，只是因为想要套牢娇娇而已。结婚后，这种强势切断了两个人沟通的桥梁，他一意孤行地活在自己的世界里，必然是无可挽回最初的婚姻生活。

夫妻关系不应该用权力斗争来形容，也不应该存在地位高低之分。二人真正的关系除了亲密的爱人外，更应该是真诚倾听彼此的朋友、兴趣相投的玩伴，归根结底应该是平等的合作

伙伴。

婚姻对于爱情中的两个人来说，是为了让自己变得更好，如果不能，又何必结合在一起呢？

关于夫妻关系，有学者提出过这样一个概念——婚姻权力争夺，即用权力归属让自己看起来有力量，从而凸显自己的重要性。

娇娇一开始的出发点其实也是有问题的，因为她首先提出"家里我说了算"这种说法，本身就是权力欲的一种表现。其实，这样的做法是错误的，因为无论如何，我们都不应该要求婚姻生活中的另一半为自己付出所有的时间以及关爱，也不应该对另一半有丝毫的控制欲。

两个人过日子没有那么简单，婚姻生活不是只有两个人，还有孩子、彼此的父母亲人等。如果试图控制和支配对方，就会使对方在自己的身份归属上产生矛盾，进而引发婚姻危机。

英国诗人拜伦说："要使婚姻长久，就须克服自我中心意识。"

现实生活中，很多夫妻难以做到克服自我中心意识，就像平时大家经常开玩笑所问的那个问题："你们家谁当家呀？"家庭生活中谁说了算，似乎是每对夫妻都避不开的问题。有些家庭把这个问题解决得相当完美与和谐，而有些家庭却会因为

"谁说了算"这件事搞到鸡飞狗跳、一地鸡毛。

常言说得好：一段好的婚姻，可以相互成全，彼此成就；一段坏的婚姻，只会把爱情消磨殆尽。我们应该如何避免婚姻生活中的权力斗争呢？

一段感情中，无论是恋爱关系还是婚姻关系，都要找准自己的位置，不要把社会生活中的竞争意识带入进来。这才是双方关系稳定的前提。比如，你总是希望对方向你妥协，一旦某次你向对方妥协了就会耿耿于怀，希望找到机会"赢"回来……这是一种非常错误的相处方法，我们一定要明白：婚姻伴侣之间要彼此信任、彼此成就，而非竞争甚至针锋相对。

同时，我们要记住：如果与爱人之间还要争对错，你永远都不会快乐的。

有人在微博上提问：幸福的家庭是什么样子的？得到认可最多的回答是：幸福的家庭都不争对错。争论对错，表面是言辞之争，实际是婚姻关系中的权力之争，目的是充分释放自己的意志，试图压制对方。这样的争论最终必然会上升到争执的地步，给婚姻关系带来伤害。

总而言之，充满权力斗争的婚姻关系往往没有好的结果，我们一定要认识到它给感情带来的严重伤害。彼此忍让包容、相敬如宾、互相成全、相互成就，才是正确呵护爱情与婚姻应有的态度。

◆ 我不怕付出，却怕付出后"你没付出"

刘铭学了一手好厨艺，是当地有名的厨师，还为人厚道，所住小区里的邻居都赞口不绝。妻子楠楠则比较内向，不太喜欢社交活动，因为没有工作平日里很少出门，在家做做家务、照顾孩子。

因为楠楠不怎么会做饭，所以，刘铭每天还要抽时间回家给妻子和孩子做好饭，然后再回去上班。

在邻居的眼里，刘铭付出得太多了，每天上班那么辛苦不说，还要两头奔波照顾家里。表哥大刚更是一见面就笑话他"妻管严"，说他天天在饭店那么忙，还要给妻儿做饭，真是"给男人丢脸"。

因为大刚的妻子也是全职在家带孩子，大刚认为自己每天早出晚归地挣钱，是家里的顶梁柱，妻子就应该把自己照顾得甚是周到。所以，他时常在妻子面前颐指气使，不是埋怨妻子做饭不好吃，就是抱怨自己打拼太辛苦。

可是，刘铭并不在乎大刚的嘲笑，每次都是笑笑不说什么。

当然，刘铭和楠楠的生活一直甜蜜而平静，整天都乐呵呵的。

后来，天天嘲笑刘铭的大刚家里出事了。原来，妻子受不了大刚的态度，回娘家了，还提出要离婚。这下可把大刚气坏了，他觉得自己为家庭付出这么多，地位高一些是应该的，妻子一分钱不挣，在付出上也不能跟自己比，有什么资本跟他计较态度问题呢？

因为大刚的态度强硬，事情闹得越来越僵，妻子在娘家坚决不回来，坚持要离婚。大刚只能找刘铭诉苦，两个人在家里吃饭，大刚连酒都没有心思喝了，一个劲儿地抽烟叹气。

想了一下，刘铭给大刚算了一笔账："你天天在外辛苦挣钱是事实，可是不能认为妻子在家里就没有付出呀！她每天有做不完的家务，照顾你和孩子的生活起居，辅导孩子学习，难道这些都不是付出吗？问问你自己，这些家务你到底承担了多少呢？要不是有表嫂在背后付出，你的家庭能这么和睦吗？你在外面能没有顾虑地挣钱吗？"

大刚想了想，刘铭说得还真的很有道理。妻子这几天不在，他没有时间照顾孩子，只能把母亲接过来帮忙。可是母亲年纪大了，身体又不好，每天光是接送孩子上学和做饭都累得受不了，打扫卫生、洗衣服更根本照顾不到。他每天回来还要洗衣服、打扫卫生，即便如此，几天时间家里已经乱得一团糟。

刘铭接着开导大刚说："要说咱两家的情况差不多，可是我从来不觉得和妻子谁付出多了谁付出少了，就算邻居有人成天说闲话，我也从不介意，因为婚姻是两个人的事，挣钱只是生活的一部分，要想过好日子不是光能挣钱就行的。你看我妻子没有上班挣钱，但是她也为这个家付出了很多，孩子、家务、双方老人的很多事情都是她在操心。家里每天收拾得井井有条，孩子能吃饱穿暖，学习成绩名列前茅，我只需安心上班挣钱就可以了，从来不用为家里的事烦恼，难道你能说她没有为这个家付出吗？"

大刚听了刘铭的一番话，终于意识到自己的错误，第二天便老老实实跑去岳母家低头认错，把妻子接了回来。就这样，一场婚姻危机顺利解决了。

婚姻是夫妻共同努力、共同付出的过程，而最伤感情的事情，不是害怕付出，而是在付出之后，对方却对你的努力视而不见。

老婆回娘家的第三天……

其实，生活就是如此。一个人的生活最简单，一人吃饱全家不饿。婚姻就不同了，它需要两个人的共同努力、共同付出，我们不应该过于看重谁付出多、谁付出少的问题。

然而在婚姻中，我们经常遇到类似的情况：一个人抱怨说"凭什么他不做饭拖地洗衣服，把所有事情都甩给我一个人"，另一个人的想法是"我在外面这么辛苦地挣钱，凭什么回家后还要做这些家务"……

其实，这些埋怨只是生活中的"冰山一角"，婚姻生活中总会有这样那样的矛盾，这种付出上不对等的想法通常是引发矛盾的主要原因。

正因产生了付出不对等的想法，很多婚姻才走向崩溃。所以，我们想要幸福的婚姻生活，势必要摒弃"付出不对等"的想法，因为所有的付出都是为了让未来的家庭生活更加美好。

我们也需要认识到：这个世界上没有绝对的公平，爱情同样也是如此。如果想要婚姻和爱情能够长久，一定要有两个人的共同付出，而不能计较和攀比。

我国新《婚姻法》中，也有关于夫妻双方付出问题的条款和解释，明确指出：结婚登记时间之前所取得的财产属于婚前个人财产，归个人所有；结婚登记时间之后所取得的财产属于婚后夫妻共同财产，归夫妻双方共同所有；没有证据证明婚后所取得的财产完全是由婚前财产转化而来的，会认定为婚后夫妻双方共同财产。同时，还肯定了家庭主妇的付出，规定夫妻共有财产一般应当均等分割，必要时亦可不均等，有争议应由人民法院依法判决。

这样的规定，目的是在保护夫妻双方的权益：婚前财产理应属于个人，因为没有共同付出的事实；婚后共同付出得到的财产，则归两人共同所有，即婚姻中只要付出了就一定有收获。这是公平的。

所以，我们要正确看待付出这件事，不能一味地要求对方付出，更不能对爱人的付出视而不见。无论是男方还是女方，都不能因为自己太能干而对另一方颐指气使，也不能因为自己太能干而认为自己付出得更多。只有都付出了，也看到了对方的付出，才能让双方的感情更加稳固。

◆ 对方需要的，也许只是一点点夸赞

对于婚姻情感中的争执，有俗语说"打是亲，骂是爱"，但扪心自问，没有人愿意天天被伴侣打来骂去。渴望赞美乃是

人性使然，每个人都对赞美怀有一份特殊的感情。

张亮结婚之后，也经常到大学死党王培家蹭饭。这天是周末，张亮头天晚上在家刚跟妻子吵完架，两人正在冷战，在家待不住，于是就跑到王培家准备喝两杯，跟老伙计吐吐苦水。

张亮和王培聊了一会儿，俩人就在客厅下起象棋。王培的妻子小贾则在厨房里忙碌着做几个拿手菜，好让他们中午一起小酌一番。两人下棋正到紧要关头，小贾突然在厨房里面喊："老公，你进来一下。"声音很大，语气却温柔。

王培扔下象棋，屁颠屁颠地就跑去了厨房。出来时，他拿着一块生胡萝卜，边啃边问张亮："该轮到谁走棋了？"

张亮迟疑了一下，忍不住问："你很喜欢吃生胡萝卜吗？"

王培一边啃胡萝卜，一边偷偷瞄了厨房一眼，说道："不太喜欢。"

"那你老婆喊你去吃这个，还切了这么一大块？我记得前些时候你也是这样，还纳闷你怎么变了呢？我记得上大学时你从不生吃任何蔬菜，看到东北同学吃生菜、山东同学嚼大葱，你都浑身起鸡皮疙瘩……"

"她以为我喜欢。"王培神神秘秘地小声说道，"刚结婚那阵子，我们住在出租屋，为了攒钱买房，平时水果都不舍得买。可是你也知道我比较馋，所以老婆就买便宜的胡萝卜回来当水果吃。她说胡萝卜是维生素之王，能抵上好几种水果。虽然我不太喜欢吃这个，但是为了哄老婆开心，就说自己从小最爱生吃胡萝卜。我俩经常晚上窝在沙发上，一边拿胡萝卜当零食吃，一边看电影，哈哈……"

"你到现在都没有告诉她你不爱吃吗？"

"为什么要告诉她呢？假如她知道我一直不爱吃生胡萝卜，肯定会很失望的。"

那盘棋，王培赢了，他冲着厨房扯开嗓子喊："老婆，我赢了！吃了你给我切的维生素之王，我果然精力充沛，思维敏捷。老婆，你真是太厉害了……"

听到这话，小贾端着盘子从厨房出来，脸上笑成一朵花。

看着王培夫妻俩满脸的幸福，张亮陷入了沉思，好像自己从来没有这样夸赞过妻子。他暗暗下定决心，晚上一定要学着王培的样子对妻子夸赞一番，争取与冷战的妻子和好……

如果想要更多的玫瑰花，我们就必须种植更多的玫瑰树；如果想得到爱人更多的夸赞和肯定，希望婚姻幸福而长久，我们要先学会夸赞对方。即使对方确实做错了，忍不住要责备他，也要在责备的同时看到他的优点，对他的优点加以肯定，而不是一味地指责和否定。

正所谓"月有阴晴圆缺"，婚姻生活也是一样，难免会磕磕碰碰，有甜蜜就有悲伤，有欢喜就有忧愁。可就算乌云蔽日，也总有拨得云开见日月的灿烂。婚姻生活中的乌云总会散去，只要我们彼此愿意守候风雨后的阳光，婚姻生活就会重新被温暖的光芒照耀。

那么，怎样才能守住婚姻中的温暖和阳光呢？

那就是多赞美对方，多给予对方夸奖。一对"模范夫妻"在某访谈节目中谈到婚姻幸福的配方，居然简单到不能再简单，只有一句话：指责爱人一次，就应该赞美三次。

黑格尔在《生活的哲学》中讲过一个故事：一个被执行绞刑的青年在赴刑场时，围观的人群中有个老太太突然冒出一句："看，他那金黄色的头发是多么的漂亮迷人！"那个即将永别世间的青年闻听此言，朝老太太站的方向深深鞠了一躬，含着泪大声说："如果周围多一些像您这样的人，我也许不会有今天。"

日常相处中，善于赞美别人的人往往会大受欢迎，他们总能说一些夸赞到位的话使大家很开心，跟每个人相处得都很愉快。同样道理，在婚姻生活中，恰到好处的夸赞不但能表达出夫妻之间的真诚大方和善解人意，还能演化成一种沟通艺术，让夫妻的日常相处变得有趣，减少矛盾和冲突。

我们不妨多看看身边，许多婚姻关系的裂痕，其实一开始就是一些鸡毛蒜皮的小事，或是毫不在意的几句话。有时候，一句气话带来的矛盾可能让原本恩爱的夫妻劳燕分飞。

所以，婚姻生活中，不妨多向事例中的王培学习，嘴巴甜一点儿，学会在适当的时机说几句对方爱听的奉承话，很多时候就会对沟通效果起到出乎意料的推动作用。

要知道，夫妻之间从来不是仇人，即便吵架时指责对方也只是一时气话，事后一定会想办法弥补裂痕。夸赞就是一个很好的方法，不但可以令对方找到心理平衡点，还能让对方尽快消气并感受到你的重视，弥补和巩固婚姻关系。

别吝啬赞扬，不要忘记赞扬你的爱人。同时，你还要掌握夸赞的精髓，把话说得对方爱听、想听，让对方听了心旷神怡，这样才能达到更好的沟通效果，使得婚姻生活更加甜蜜、和谐。

◆ 如何才能解决时不时的意见不一致

前不久，一则新闻引发人们的关注，说是一对年轻人相恋几年到了谈婚论嫁的地步，但在婚礼即将举行的前一天凌晨，男方突然接到女方家人的电话，声称给女方买的"全身礼"中的内衣尺寸小了，没办法穿，如果不能及时更换合适的尺寸，第二天的婚礼就不举行了。

然而，凌晨时分不可能找到买衣服的地方。结果，第二天早上，女方家里真的就拒绝举办婚礼，双方就内衣问题争论了几个小时，女方坚决不同意穿旧内衣出嫁，男方则认为女方家有故意刁难的意思，宣布婚宴改为亲友联欢会，一场婚礼就此泡汤。

这场令人啼笑皆非的婚礼引发众多网友的讨论。有人说，冰冻三尺非一日之寒，一定是新郎新娘早就有矛盾才产生这种结果；还有人说，双方既然在结婚这件事上有意见分歧，就应该早提出早解决，连结婚证都领了，何必非得拿到婚礼举行时来激化矛盾呢……

其实，无论是恋情期间还是婚姻生活中，男女双方都难免有意见不一致的情况。大到职业规划、家庭理财，小到中午吃什么、晚上吃什么，这些意见上的分歧常常会引发男女双方的争吵。

比如，经常看到夫妻二人因为粽子究竟是甜的好吃还是咸的好吃而争吵，也见过恋人之间因为某地方的特色菜肴到底好不好吃而争吵，甚至日常闲聊时，夫妻俩还会因为某个热门新闻事件中的观点差异而争论不休……

高岩与刘爽结婚不久，平日里虽然总是吵吵闹闹，但感情着实不错。他们意见不同的大部分事情是生活中的鸡毛蒜皮，不涉及原则问题，有的甚至跟他们的生活毫无关联——两人纯粹是为了消遣而争论一番，谁也不会将它当回儿事。

不过这一次，他们为热门新闻事件中女方因内衣尺寸问题而悔婚有着相当大的意见分歧。

其实，这场争吵一开始不过是闲聊罢了，聊着聊着就提及了热点新闻事件，便自然而然地各自发表了一些看法。高岩发现刘爽的看法和想法居然跟自己截然不同，于是闲聊变成辩论，辩论变成争论，最终发展成一场争吵。

作为理工男，高岩的逻辑非常严密，先是叙述事件的前因后果，然后冷静地剖析悲剧发生的根源，接着一一指出参与事件各方所犯的错误，最后得出结论。一套流程下来，完全就是教科书式的辩论过程。

刘爽则觉得高岩看似公正，但内心已经预设了立场，且看法有大男子主义的嫌疑。所以，无论高岩说什么，她都会发表不同的意见。如果某个环节因为高岩的严密逻辑而无法辩驳，她就会搬出"杀手锏"："天哪！你居然对我说这样的话，你有没有考虑过我的感受！"

最终，高岩赢了辩论，却惹哭了刘爽，只好认输服软，低声下气地哄着被自己气哭的妻子。

最后，刘爽委屈地说："我真的不明白，为什么你每次总想着要辩倒我，甚至不惜说出那些让我感到伤心的话呢？难道口头上的胜利，比我的感受还重要吗？有时候，我其实也知道自己不一定是正确的，但只要你这么尖锐地攻击我，我就忍不住回击……"

"口头上的胜利"，真的那么重要吗？

当你绞尽脑汁用强大的逻辑和语言，一次次战胜亲人、爱人，把他们辩驳得无话可说的时候，你到底想要从中获得什么呢？当你成为辩论或争吵的最终获胜者之后，你又能因此得到什么好处呢？

事实证明，你不会获得任何好处，除了让对方感到尴尬、伤心外，你得不到任何东西。更可怕的是，在这种莫名的好胜心驱使下，你甚至可能会一时冲动地说出一些事后让你追悔莫及的话，甚至还会摧毁一段美好的感情——你的咄咄逼人在让对方哑口无言的同时，也会让对方逐渐对你关上心门。

一心在嘴上争输赢的人，无论结果如何，都只会输而不会赢。

著名心理学家弗洛伊德说过，当人们面对焦虑和挫折时，往往会启动自我保护机制。这种保护机制为了帮助人们缓解焦虑，维持心理平衡，甚至可能对现实进行一定的歪曲。这种对现实的歪曲与道德层面的欺骗是完全不同的，它是一种非理性、发生在潜意识层的现象。

这就是为什么在意见产生分歧的时候，你越是表现得咄咄逼人、得理不饶人，对方就越容易"死鸭子嘴硬"，坚决不肯低头认错。相反，如果你主动退让，甚至给予对方一定的肯定或赞扬，对方反而会不好意思跟你继续针锋相对，甚至礼尚往来地接纳你的部分看法或意见。

因此，在婚姻中，我们一定要明白：如果两个人的意见不和，一定要通过争论甚至争吵让对方同意自己的意见时，到最后，你可能赢得了面子，却一定会输了人心；赢得了尊严，却不小心输了感情。说到底，赢在嘴上，不如赢在人心。

婚姻生活中，彼此可以争论但不争对错，提出自己的看法也要尊重对方的意见，这样才能更加甜蜜、幸福。

第 7 章　心灵虐待

——不吵架的夫妻，未必就会白头到老

　　爱情与暴力原本是截然相反的两个词，不幸的是，在许多人的婚姻生活中，它们无可避免地纠缠在一起，演变出新的名字：家庭暴力。这个词足以让所有婚姻中的男人、女人战栗，因为它总是披着各种各样的外衣，让我们防不胜防。

◆ 婚姻中，被暴力的不一定是女性

英国曾发生一起骇人听闻的案件：警方接到报警，进入一个名叫亚历克斯的年轻人家中时发现，当事人浑身是血地躺在楼梯上，全身有无数处刀伤和烫伤，甚至还有脑积水的症状。抢救医生说，亚历克斯身上的伤口已经严重感染，如果再不及时治疗，可能 10 天后就会死亡。

这名年轻人到底遭遇了什么？调查的真相出乎所有人的意料：23 岁的亚历克斯被女友艾玛监禁、家暴长达 4 年之久。

这个案件在英国引起了轰动，很多人无法相信那个看起来人畜无害的女孩，居然是这样一个可怕的恶魔。

后来，当地电视台依据此案例拍摄了一部名为《我被女友家暴》的纪录片，展现了更多令人难以置信的细节。4 年间，艾玛不仅切断了亚历克斯与外界的所有联系，而且对他进行肉体和精神上的虐待。每次两人发生争执时，艾玛总会想尽各种手段折磨他，从拳打脚踢到后来的用刀，手段越来越骇人听闻……

纪录片还展现了一组令人吃惊的数据：根据英国反家暴组织统计，此前一年中，全英国有大约 4% 的男人遭受过家暴，是女性家暴受害者数量的一半。这个数据足以震惊许多人，因为在传统的观念中，婚姻生活中出现暴力，受害者往往是女性——平时新闻中一看到家暴，大家也会自然而然地脑补出丈夫虐待妻子的画面，似乎女性作为家暴受害者已是司空见惯。

可上面的数据却让所有人看到这样一个信息：婚姻中，遭遇家庭暴力的并不仅仅只有女性。

微博上，一位匿名男子写下自己遭遇家暴的经历：他在家中长期遭受妻子的暴力对待，可是一直都不敢说出来，因为在人们的传统观念中，男人连妻子都管不了是一件很丢人的事情。

有一天，无处倾诉的他终于鼓起勇气走进派出所。让他没想到的是，一名值班的工作人员听了他的遭遇后，憋着笑问道："你人高马大的一个大老爷们儿，怎么可能被老婆打呢？你是不是喝醉了？"这句话一下子打碎了男子好不容易鼓起的勇气，从此以后直到离婚，他再也没有对任何人讲起自己的遭遇。

显而易见，当男性遭遇家暴的时候，他同时要承受暴力和羞耻感的双重打击，内心的折磨甚至比女性更加严重。

那么，在婚姻生活中，男性遭遇的家庭暴力通常体现在哪些方面呢？除了常见的拳打脚踢等身体暴力外，更令男性无法忍受的，是另一半对他进行心灵上的折磨。比如，有些女性总是喜欢挑自己丈夫的毛病，一天到晚将"你真不是个男人""那个谁谁谁都比你强"等讽刺话语挂在嘴边。

其实，越是踏实顾家的女人，越不会嫌弃自己的丈夫；越是好吃懒做、一无是处的女人，越喜欢一个劲儿地损别人。

还有，一些女性在婚姻中总是以离婚来威胁另一半，经常拿"不和你在一起，有的是人等着我""没有你，我会过得更好"等话语刺激男人。也许有些女性认为这样的话可以激起男人奋斗的欲望，然而她们忘了，婚姻本来就是两个人的奋斗，最怕的就是一个人在奋斗未来，另一个人整天想着离开。面对这样的女人，男人所有为两人未来的努力都会失去意义。

无论是男性还是女性，在婚姻中遭遇家庭暴力时，都可以以此向法院提出离婚。在提出离婚的同时，还可以就家庭暴力的侵权行为向对方主张离婚损害赔偿。不管是女孩子还是男孩子，都要学会保护自己哦！

新《婚姻法》中明确指出，男女双方在遭遇家庭暴力时有同样的权利主张。当婚姻中任何一方遭遇家庭暴力时，可以以此向法院提出离婚。在提出离婚的同时，还可以就家庭暴力的侵权行为向对方主张离婚损害赔偿。

此外，新《婚姻法》还将遭遇家庭暴力的离婚请求排除在一个月的"离婚冷静期"之外。也就是说，如果婚姻中遭遇家庭暴力的一方提出离婚申请，婚姻登记部门会立刻受理。在法律上，实施家庭暴力导致离婚的，无过错方有权请求损害赔偿。损害赔偿，包括物质损害赔偿和精神损害赔偿。

所以，男性在婚姻中遭遇家庭暴力时，更应抛开传统的面子观念，及时报警，收集对方施暴的证据。打官司就是打证据，证据是因家庭暴力要离婚打官司输赢的关键。所以，你遭遇了家庭暴力一定要尽可能多地收集证据，用法律武器对抗家庭暴力行为。

当然，我们也应改变固有的僵化印象，如总是下意识地将女性列为婚姻中弱势的一方，一听到家暴就想到女性是受害者，需要全面地看待家庭暴力这件事，认识到语言暴力、冷暴力对于伴侣的伤害更加隐蔽和刻骨。

◆ 也许你并非故意，却一直在释放冷暴力

小洁跟李飞是通过相亲走到一起的。当初因为家人催得急，两人交流和了解的时间有限，感情基础不稳就结婚了。婚后的一段日子，可能是因为爱情的新鲜感，两人相处还算和谐，可是日子一长就出现了问题。

李飞的学历比小洁高，是一家三甲医院的主治医师，小洁则在一家公司担任会计。婚后，两人考虑到事业发展的原因，尤其是李飞在医院的工作非常忙，正赶上晋升的关键时期，就暂时没有要孩子。

慢慢地，李飞的工作越来越忙碌，回家的时间越来越少，跟小洁之间的沟通也少了，家里的气氛开始有了微妙变化。

小洁的事业发展和收入与李飞有着不小的差距，一开始，她觉得为了李飞的事业发展牺牲一些家庭生活也是应该的。可是久而久之，她发现李飞越来越忙，心思似乎越来越不在自己身上——每天李飞都早出晚归，遇上手术加班甚至一周只能回

家两三次，到家要么疲惫不堪，要么醉眼朦胧，两人几乎没有时间能够交流。

就这样，两人的疏离感越来越强，彼此漠不关心，不是为了必须开口的事几乎没有任何语言交流，越来越像搭伙过日子。在这种情形下，两人的矛盾自然越来越多，时常因为鸡毛蒜皮的小事爆发争吵，互相攻击，冷嘲热讽。

更严重的是，不知从什么时候起，李飞回到家后不主动跟小洁交流也就算了，甚至晚上宁愿睡沙发也不愿意跟小洁同床共枕，简直形同陌路。后来，两人再有矛盾的时候，李飞连架都懒得吵了，他开始冷淡、轻视、放任和疏远小洁，几乎把小洁当作透明人。

一次，小洁因为吃饭不规律突发阑尾炎，被送到李飞工作的医院治疗。李飞只是来病房看过小洁两次，然后就安排同事去做手术了。在小洁住院期间，他一天都没有陪护过，也没有向同事打听过小洁的情况。出院的第二天，彻底心灰意冷的小洁就提出了离婚。

在民政局，小洁向工作人员哭诉道："整整三个月，他在家里跟我说的话不超过 10 句，这还是我们的家吗？即便我生病住院，他对我也是那么冷漠，没有任何关心，在一起还有什么意义……"

生活中，很多夫妻或多或少会遭遇上述这样的情形，也就是所谓的冷暴力，时间久了，会导致伴侣的情感需求长期缺乏满足。施加冷暴力的一方只有冷漠、疏远，承受冷暴力的一方则苦不堪言，对于婚姻生活失去信心。最终，不是一方出轨，就是彼此都出轨变心，最后以离婚收场。

电影《无问西东》中有这样一段情节：

男主被妻子满院子追着打，旁观者纷纷指责妻子太暴力。可大家了解之后才知道，男主多年来不仅从来不给妻子一个微笑，也不跟妻子说话，拒绝跟妻子睡一张床。

在日常生活中，男主也在方方面面与妻子划清界限，如从来不跟妻子共用生活用品，只要妻子拿过、用过的东西绝对不碰。时间久了，妻子再也无法忍受，砸碎了男主单独用的水杯，男主转而用饭碗喝水；她砸掉饭碗，男主就用饭盒喝水……总之，无论妻子如何抓狂、愤怒，男主给予妻子的只有一张冷漠的面孔。

了解了这些，你还觉得妻子满院子追打男主是暴力行为吗？

很多时候，婚姻中除了血淋淋的拳脚暴力外，还有一种更加隐蔽却极具杀伤力的暴力方式——冷暴力。可以说，冷暴力比鼻青脸肿的家庭暴力伤害更深，危害更大——它折磨的是一个人的身心和精神，比纯粹的肉体暴力更让人无法忍受。如果把拳脚暴力比喻成外伤，疼在皮肉，那么冷暴力就是内伤，痛在骨髓。

要知道，肉体上的创伤可以愈合，精神上的创伤却不容易修复。冷暴力之所以更加可怕，是因为它带来的伤害深远而持久，甚至影响到人的精神状态和性格，继而影响到人生走向。

很多时候，婚姻中除了血淋淋的身体暴力之外，还有一种更加隐蔽却杀伤力更强的暴力方式——冷暴力。而大多数冷暴力的形成，实际上都来自于日常矛盾的长期积累，所以说，在婚姻中，沟通是非常重要的。感情融洽来自交流，矛盾的化解也只能依靠沟通。

一个更加可怕的现实是：很多时候，婚姻中的冷暴力甚至是在毫无知觉的情形下产生的，施暴者都没有意识到问题的产生及其严重性。

在这个快节奏的社会中，生活中的很多压力是相辅相成相关联的。比如，工作压力可能影响到你的家庭情感；夫妻关系产生矛盾，带来的压力又会影响到你的工作或事业。如此一旦形成恶性循环，冷暴力就会在不知不觉中伤害到彼此的身心。

那么，我们如何在婚姻生活中远离冷暴力呢？

一旦在婚姻生活中遭遇冷暴力，我们首先要学会放低姿态，积极自省，找到问题症结，正面对待不逃避。

婚姻生活中，很多冷暴力其实来自日常矛盾的长期积累，一开始可能是很简单甚至无意的误解或矛盾导致的，之后因为面子问题，谁也不愿意低头，导致沟通出现问题。

对于夫妻而言，感情融洽来自交流，化解矛盾只能依靠沟通。所以，我们一定要寻找机会，以积极的心态主动沟通，千万不要困在所谓的面子问题中。

还有，我们要主动寻找破冰话题，如子女教育、家庭消费、亲人健康等，这些都可以让夫妻有话可聊，从而打破冷暴力的"坚冰"。

冷暴力的杀伤力，在于语言上的不沟通和精神上的不交流，这种隔绝对于婚姻生活的伤害是最大的。如果想避免这个伤害，你需要积极寻找彼此都能够也都愿意参与的话题，慢慢弥合和消除冷暴力带来的情感裂痕。

很显然，新《婚姻法》中关于"离婚冷静期"的规定，也是希望夫妻双方能够冷静下来，尽量通过沟通交流挽救感情。

在婚姻生活中，冷暴力不可能有胜利者，受害的只能是夫妻双方。然而，这一切矛盾的背后，起因有时候却是非常简单甚至微不足道的，可能只是源于某次无心之失的误会，最后导致两个心灵的彼此错位。所以，消除这种错位，最好的方法就是沟通和交流。

◆ 结婚后，他是否让你一直出现孤独感

小花结婚三年了。这天，她来到闺蜜家，两眼通红地诉说着自己在婚姻里的憋屈。

小花两年前生了孩子，刚休完产假还没断奶就去上班了，然后每天都忙于工作、带娃、做家务，丈夫每天下班回到家却什么也不做，吃完饭就开始捧着手机玩游戏。

除了日常必须，小花跟丈夫几乎很少交流，即便自己主动找丈夫聊天，丈夫也只是"嗯嗯啊啊"地敷衍几句。

一次，小花忍不住对丈夫说："你可以不帮我干活，可是我干活的时候，你在旁边陪我说说话也好啊！你不要整天抱着手机玩，一到家就成了哑巴……"结果，丈夫理直气壮地回答："都老夫老妻了，哪有那么多话要说。我天天上班跟客户说、跟同事说、跟老板说，都说累了，回到家里只想歇歇。"

　　小花一时也无语相对。

　　夜里，小花被哭闹的孩子吵醒，迷迷糊糊地爬起来冲奶。怕孩子从床上掉下去，她踹醒了身边呼噜震天的丈夫，让他照看两分钟。可丈夫没好气地说："大半夜的你折腾我干啥啊？不就是冲奶粉，你就不能睡觉前冲好放保温瓶里吗？睡不好觉，明天我还怎么上班！"

　　小花满肚子委屈地说："你白天要上班，难道我不用上班吗？我辛苦照看孩子，你就不能说两句好听的话？"话音未落，丈夫翻身起床——不是去冲奶粉，而是抱着被子去客厅睡了……

　　曾经说不完的话，如今却相对无言；身处同一屋檐下，却似乎形同陌路。

　　曾经有人把这样的婚姻状态形容为"婚姻孤独症"，得了这种"病"的夫妻，对对方的喜怒哀乐都视而不见、听而不闻，无法体会到爱情和心跳的感觉。没有了如胶似漆的亲近，连日常交流都消失后，随之而来的是身体接触的消失。两个相爱的人朝夕相处却似乎越来越孤独，爱情渐渐退却，剩下的只是相看两相厌。

　　现实生活中，这样的例子实在太多了。很多人在单位左右逢源、八面玲珑，无论对同事还是对客户都能侃侃而谈。可是一回到家，面对朝夕相处的另一半，他们却仿佛失去了语言能力，整个家庭陷入尴尬的安静，孤独的气氛开始蔓延、扩散，日复一日，年复一年，让伴侣越来越觉得孤独。

　　如何摆脱这种令人恐惧的"婚姻孤独症"，已经成为许多家庭亟待解决的问题。因为如果放任不管，想着能凑合就凑合着过，每个人都将在婚姻生活中活成一座"孤岛"——两个人明明同在一个屋檐下，却变成最熟悉的陌生人，促使爱情和婚姻变成一出独角戏。

　　如果两个人都不愿改变现状，任由这种"婚姻孤独症"越来越病入膏肓，到最后剩下的只有两个孤独的灵魂。

　　对于许多度过婚姻甜蜜期的夫妻，尤其是那些人们通常说的"七年之痒"后的中年夫妇，下面这个场景是否十分熟悉？

　　男人结束一天的工作，到家吃完饭就往沙发上一倒，或是看电视、刷手机，或是在电脑前打游戏、看网页，或者将工作带回家继续加班忙碌。同样下班回家的妻子，则忙着做饭、洗衣、整理房间、辅导孩子作业。两个人各忙各的，屋子里除了孩子的声音，就是电视的声音……

　　婚姻和家庭应该是每个人最温暖的港湾，是疲惫的心得到慰藉的地方。所以，我们千万不要让它成为"冷宫"，让婚姻中的孤独感吞噬所有的美好。

可能生活本身是很乏味的，但是婚姻中的两个人应该相知相伴，努力对抗这种长久的孤独。如果彼此都选择了孤独，还能用什么来抵挡余生岁月的乏味呢？

我们不妨从自身做起，主动做出改变，如尽量找机会去能让彼此开心的地方郊游、看一场喜剧电影、去欢乐谷冒险……这些地方都可以让人感受到笑和温暖，也相当于为自己创造了一个不孤独的外部环境，调整彼此的心态和状态。

不要过度关注自我。

有些人过于以自我为中心，在婚姻中强烈渴望得到关注，过于依赖对方。时间久了，可能会让另一半感觉心累，有种被捆绑和束缚的感觉，甚至有想要逃离的冲动。归根结底，是我们过于依赖对方，想要通过依赖摆脱内心的孤独，最后反而使得自己陷入孤独。

当然，一旦发觉婚姻陷入孤独的沼泽，我们一定不能害怕和恐惧，不要退缩，更不要放弃，而要树立走出孤独的决心和意志，主动改变这一切。

要是我们自己都不想摆脱这种孤独感，别人不论怎么帮助都无济于事。比如，当爱人在面前晃悠的时候，你可以想办法找点话题，夸赞对方也好，提个问题也罢。总之，要抓住增进两个人情感交流的机会，不是向内心的孤独感低头，而是想办法赶走它。

一个人的孤独是自由，婚姻中两个人的孤独却是煎熬。两个人待在一起，近在咫尺却像隔着千山万水，这是非常可怕的事情。不过，真正可怕的其实不是婚姻中的孤独，而是放任这种孤独侵蚀内心，侵蚀婚姻和爱情。同时，这种对于孤独感的放任，是婚姻里最大的悲哀。

所以，不管婚姻长短，不管彼此多么熟悉，我们都应该拿出真情、真心与对方交流，多一句亲昵的话，多一个温情的微笑，多一些爱的表达。我们要努力避免自己与伴侣陷入"婚姻孤独症"，努力不让另一半成为婚姻里那个孤独的人。

◆ 婚姻中失去信任，彼此还能走多远

王凯跟妻子小雅结婚 10 年了，因为一心要发展事业，两人就一直没有要孩子。

一天，王凯上班忘了带手机，正好小雅有急事要找他的一个朋友帮忙，就打算在他的手机里找那个朋友的电话号码。小

雅不知道王凯的手机打开密码，只能随手试了试，没想到竟然猜中了。

因为平日里小雅从来不看王凯的手机，再加上手机设有密码，王凯并没有删除微信聊天记录的习惯。然后，小雅清楚地看到了王凯与公司那个年轻小秘书的聊天记录，包括每天的甜言蜜语、情人节的互送礼物、出差时聊天到深夜两三点的视频记录……

原本平静的家庭生活瞬间崩塌。

事情闹到双方父母那里。小雅提出离婚，王凯也知道自己做错了，诚恳地向小雅道歉，并且当着小雅的面打电话向那个女孩摊牌，让她离开公司。同时，王凯也发誓保证，承诺以后绝不再犯。

最终，小雅选择了妥协，因为王凯的态度真的很坚决而诚恳，甚至得到小雅父母的谅解。于是，两人的婚姻生活重回平静。

可是在小雅看来，日子再也无法回到从前了。她已经没有办法信任王凯，心中总是充满怀疑。如果王凯哪一天下班回家晚半小时，她就疯了一样给他打电话；如果哪一天王凯的电话打不通，她就直接冲到公司找人；平时两个人在家，王凯但凡上厕所时间久一点，小雅就会直接推开门，看看王凯拿着手机到底在做什么；甚至王凯在家里发个呆，小雅都会莫名其妙地发脾气，追问他是不是在想那个女孩了……

两个人的生活似乎陷入死循环。

王凯和那个女孩的事情像一块大石头压在小雅心头，无论如何也无法挣脱，甚至让小雅有些神经质的紧张。比如，不管俩人在做什么，小雅会突然进入盘问模式，追问王凯每次出差的行程和细节，一遍又一遍地盘问，就像审问犯人一样，试图从中找出纰漏和疑点……

王凯需要随时随地向小雅报告行踪，一旦需要加班和出差，他就会心跳加速、焦虑不已，因为他知道自己又要无休止地被小雅盘问了……

那件事情之后，两个人甚至都没有办法睡在一张床上，因为小雅总是盘问王凯是不是真的跟那个女孩一刀两断了，还说当初两个人是那么的甜蜜、腻歪，如果睡在一起还想着那个女孩，还不如起床去找她……

王凯几乎被小雅的举动折腾得崩溃了。他一遍又一遍地向小雅解释，说自己真的已经跟那个女孩没有任何联系了，真的悔改了。他也无数次向小雅道歉，希望以后不要再提这件事。

然而，在小雅看来，自己虽然选择了原谅他，可是内心深处却无法摆脱那件事的阴影，真的无法再信任对方。于是，曾经美好的婚姻真的一去不回返……

这就是爱情和婚姻中信任被破坏的代价。

从心理学的角度说，失去信任意味着所有事情都陷入不确定，哪怕最微弱的负面信息也会被联想到最坏的后果。就像小雅一样，她会无法自控地脑补一切，想象丈夫还跟那个女孩有联系，对其念念不忘，甚至瞒着自己偷偷与其来往。

心理学上说，对一个人产生影响的往往不是事情本身，而是对一件事的判断——负面判断一定会带来负面情绪，而负面情绪一定会导致负面行为。

一个在婚姻中破坏彼此信任的人，无疑会给对方提供负面判断的理由。王凯可能觉得委屈，认为自己已经在双方父母面

前认了错，真的不再与那个女孩联系了，可小雅却还是无休止地胡闹、猜疑。

在王凯看来，小雅陷入了神经质的猜疑。可是客观来说，一朝被蛇咬，十年怕井绳，正是因为小雅受到过强烈的伤害，所以对王凯失去了所有的信任感，仅仅是某些若有若无的征兆就能立刻引发最坏的推断。

相信每一对夫妻在结婚的时候都抱着携手一生、白头到老的想法，但随着时间推移，有些夫妻渐渐失去默契、信任，渐行渐远。失去双方信任的婚姻，仿佛失去灵魂的行尸走肉，没有了爱情的甜蜜和温馨，剩下的只有猜疑和怨恨，最终无可避免地成为爱情的"坟墓"。

更重要的是，一旦失去信任，即便两个人想要处理好这方面的问题，再次建立信任，也很难修复曾经出现信任危机的婚姻关系。

那么，如何解决婚姻中的信任问题，挽救婚姻呢？

诚恳认错是修复关系、重建信任的第一步。

我们要明白：解铃还须系铃人，谁破坏了信任，谁就有责任修复它。作为过错方，首先要有足够的诚意，可以替自己辩解，但绝不能推卸和逃避责任，更不能把责任推到对方身上，否则只会使信任危机雪上加霜。

作为过错方，一定要用最大的耐心去安慰和体谅对方，帮助对方平复心情，调整心态。比如，主动向对方坦白想法，允许对方查看手机，主动汇报行踪等。毕竟对方受到了伤害，心理上处于极度敏感和脆弱的时期，只有努力让对方对你放心，才会尽可能地使彼此的关系恢复正常，慢慢重建信任。

有条件的话，过错方要多与对方进行户外活动，如旅游、约朋友一起吃饭、看电影等，尽可能多地让对方脱离受到伤害的场所——家里。从心理学角度说，夫妻双方共同面对外部世界时，彼此的心理距离会更近一些。

总而言之，对于相爱的两个人来说，信任就像空气，它存在的时候，你往往没有感觉；一旦失去它，你就会非常难受。

没有信任的婚姻就像一盘散沙，随风飘散，让婚姻生活陷入困境，谁也没有办法把精力投入真正有意义、有价值的地方，更不用说白头偕老了。所以，我们应该彼此信任，即便出现危机也应该重建信任。

只有双方彼此信任，才会使婚姻关系变得和谐而融洽。

◆ 告诉对方你的情感需求，别让沉默埋葬婚姻

　　陈晖近来总是一副愁眉苦脸的样子，工作时无精打采的。部门主管看到他的这种状况，主动关心和开导，才知道他和妻子的婚姻亮起"红灯"，两人正在办理离婚手续。

　　原来，在教育孩子的问题上，陈晖的妻子和母亲有很多不一样的看法，为此两人经常闹矛盾。私底下，妻子常常向陈晖抱怨，有时还会用责备、挖苦的语气说他的母亲。

　　尽管母亲有些地方确实做得不好，但是陈晖认为，老人毕竟思想陈旧，年轻人应该给予理解和谅解。所以，他认为妻子应该体谅老人，而不是一味地埋怨和指责。为此，他时常为母亲辩解，批评妻子不懂事，这也导致了两人的争吵和矛盾升级。

　　为了避免争吵，陈晖对于妻子的抱怨、牢骚采取敷衍和沉默的应对方式。然而，这样的应对却带来了更多的困扰：

　　"你好好听我说，行不行？"

"嗯嗯。"

"可你明明一直在玩手机。"

"我在听。"

"那我刚刚说了什么？"

"……"

"我就知道，你现在一点儿也不在乎我了！"

……

"我已经足够克制和忍耐，她为什么还是不满意？"对此，陈晖深感委屈。

显而易见，陈晖选择以消极回避的方法来处理妻子的埋怨，而不是坐下来好好地与妻子沟通。相处过程中，尽管他做到了克制和忍耐，但没有给予妻子充足的关注，没有及时回应妻子。这才让妻子认为自己不被在乎，认为丈夫不在意自己的情感需求，甚至两颗心不是靠在一起的，慢慢地导致婚姻亮起"红灯"。

就像陈晖夫妻一样，婚姻中的我们也会有这样的体会：

曾几何时，你发现一部好看的电影就想迫不及待地告诉对方，然后一起欣赏，一起分享；你做了开心或者不开心的梦，睁开眼睛的第一件事就是告诉对方，得到对方的快乐回应或是安慰；你们一天到晚总觉得有说不完的话，腻在一起再久都有话可说……

可是，不知从什么时候开始，沉默越来越多地占据生活。妻子每天下班回家洗衣做饭、辅导孩子，忙到深夜；丈夫到家后满身疲惫，吃完饭就在沙发上一躺，偶尔拖地打扫卫生也是匆匆做完，仿佛在应付差事……曾经的甜蜜生活变成油盐酱醋，各忙各的，忙完了只想休息，家里变得越来越安静、越来越沉默。

有多少婚姻，就是在这样的沉默中亮起了红灯。

我们知道，即便在日常的人际互动中，倾诉和倾听也是沟通交流、联络感情的重要手段。如果用沉默来应对倾诉，用敷衍来代替倾听，那么连最基本的沟通都无法实现，更不用说婚姻中拉近彼此的距离了。

中医学讲究望、闻、问、切，人与人的交流其实也有着异曲同工之处。沟通是彼此倾诉、彼此回应的过程，只有双方都积极交流才能取得更好的沟通效果，把握对方的心理，抓住有用的信息，明白对方表达的重点。

如果一方选择沉默，彼此交流和沟通的通道就堵上了。

事实上，很多夫妻结婚之后，经历了如胶似漆的蜜月期，度过了吵吵闹闹的磨合期，就会无法避免地进入平平淡淡的沉默期。双方为了生活奔波忙碌，各自有着固定的轨迹。于是，婚姻生活成为一种义务，没有了倾诉，没有了惊喜，也没有了甜言蜜语……出现以上这样的"婚后沉默症"，很快就会迎来婚姻冷战期。

沉默让婚姻没有了温度，总是沉默的婚姻会越来越"凉"。婚姻中的沉默，会带来暗流涌动下的平静和无法言说的距离感，最爱的人成为最熟悉的陌生人。而且，长时间的冷漠和厌倦会让婚姻失去对诱惑的抵抗力，导致各种负面因素乘虚而入，破坏婚姻关系，让原本相亲相爱的夫妻走上离婚的不归路。

所以，在婚姻生活中，我们要拒绝沉默，主动、明确地告诉对方你的情感需求，不要总是觉得老夫老妻就没有必要再寻找心动的感觉了。

事实上，婚姻生活越长，越需要精心呵护，老夫老妻更需要说爱，大胆地说出彼此的想法，这才是婚姻与爱情最好的保鲜剂。

与其虚伪地沉默，相敬如宾，不如放下身段向对方撒撒娇，或者设计一些浪漫和惊喜。如果你做不到这些，那就制造点儿小矛盾，拌拌嘴、吵吵架也比无言的沉默好上几十倍。

我们还要认识到，每个人都在本能地用自己想要的方式爱对方，很多时候可能会忽略掉对方想要的是什么。所以，一定要弄清对方真正需要的是什么，然后给予对方，而非自己硬塞给对方。要做到这一点，必须多表达和沟通，远离沉默。

我们不要吝啬自己的情感表达，因为爱与被爱的基础就是情感的表达和回应。即便是结婚多年的老夫老妻，也要多向对方表达爱意，如坦承自己害怕失去对方、见不到对方就感到孤独等。这样的表达，有助于婚姻中感到疲倦的两人重新找回新鲜感，缓解负面情绪。

婚姻中，一方越是封闭自己，另一方就越渴望对方能够敞开心扉。所以，我们要大胆表达，并且鼓励对方表达。

因为，一旦拒绝或者懒得向对方表达自己的情感需求，婚姻和爱情就会失去它应有的光彩，家庭也会失去应有的温馨。更可怕的是，沉默带来的负面情绪是双向的，如果两人都选择沉默，周而复始，婚姻和爱情就会被困在诸如"七年之痒"的危机中，两个人也会愈行愈远。

第 8 章　婚外释欲

——Ta 寻找了灵魂伴侣，你该挽救还是别离

　　或许平淡枯燥是婚姻最大的天敌，促使一方开始在婚外找刺激；或许一方的欲念太多，不知节制，没有逃脱婚外之情的诱惑。这时候，作为受害者的你，是选择挽救还是别离？

　　其实，不管你如何选择，关键在于自己的心，不违心，不委屈，把对自己、孩子、家人的伤害降到最低才最明智！

◆ 为什么有些人偏偏喜欢婚外找刺激

晓晓悲愤不已，很想痛快地大哭一场，或是疯狂地大吼几声。可是看着身边熟睡的孩子，她只能默默地掉泪。

晓晓刚刚接到闺蜜的电话，说是在某酒吧门口看到了大辉，身边好像有一个举止亲密的女孩。晓晓认为是闺蜜看错了，因为丈夫大辉昨天就出差了，说到北京与客户谈合作事宜。她一口咬定是闺蜜看错了，还笑骂她不要用这种事情开玩笑。

闺蜜没有说话，不过没多久就发来几张照片。虽然灯光有些昏暗，晓晓还是一眼就认出那个人是自己的丈夫大辉。只见那女孩和大辉靠得很近，巧笑盼兮，大辉则低着头，温柔地跟对方说着什么。

晓晓很想说服自己，或许他们只是关系不错的同事，两人聊着工作上的事情。然而，大辉说谎去出差，又要怎么解释呢？这一点，晓晓真的说服不了自己。

闺蜜给晓晓打来电话，先是安慰了好一阵，之后又开始给她晓以利弊。意思很简单，晓晓要为自己和孩子考虑，悄悄地收集大辉有婚外情的证据。如果不打算离婚，必须想办法让大辉回心转意；如果打算离婚，就把它作为财产分割的证据。

闺蜜说得很有道理，可是晓晓此时没有心思考虑这些，只想知道大辉到底为什么会背叛自己——是不再爱自己，还是为了寻找刺激？

接下来，晓晓没有直接质问大辉，而是开始暗中观察、求证。一个月后，她终于得到证实。原来，大辉和那个女孩交往3个多月了，平时只是在微信上聊天，见面的机会不多。那一天是女孩过生日，大辉为了陪她才撒谎说到外地出差。

晓晓马上就跟大辉摊牌了，质问他为什么如此绝情，难道要抛弃自己和孩子吗？大辉没有否认和狡辩，而是坦诚地说自己对不起晓晓和孩子。他说："结婚前，我确实很喜欢你，认为我们可以组建一个美好的家庭。可是慢慢地，我发现我们的性格根本就不合，我喜欢热闹，你喜欢安静；我热情，你冷淡；我喜欢和朋友玩游戏，可你总觉得那是不务正业……"

"开始，我觉得两人在一起久了，磨合时间长了，问题就会越来越少。可是我想错了，我们之间的问题不仅没有减少，反而越来越多。与性格不合的人在一起，真的很累！"

大辉还承认，那个女孩很开朗活泼，跟自己的性格很合得来。和晓晓在一起，通常是无聊、枯燥的，还要被柴米油盐以及孩子困扰，而跟那女孩相处，他觉得生活多了一些趣味和激情。

小说《傲慢与偏见》里写到：婚姻生活能否幸福，完全是个机会问题。一对爱人在婚前把彼此的脾气摸得非常透，或者彼此的性情非常相合，但这并不能保证他们俩就会一直幸福，没准到最后他们的关系也会越来越淡漠，彼此烦恼。

没错，性格和脾气不合拍，是晓晓和大辉婚姻出现问题的关键。因为性格不合，两人的距离越来越远，生活越来越没有激情。所以，大辉对眼下的婚姻生活存在不满，对性格不合存在芥蒂。或许此时他的心理是矛盾的，并不想离婚、离开这个家，但又想要寻找激情和刺激来弥补婚内的所谓遗憾。

现实生活中，很多人和大辉一样是一个矛盾的结合体。从某种程度上说，婚外有人，其实是道德底线不高的人对自己在婚内的需求得不到满足而寻找的一个互补品。这对男人和女人同样适用。

每个人都存在致命的人性弱点，越是容易得到的越不珍惜，慢慢地还会厌烦；越是得不到的越心心念念，越来越觉得美好，千方百计想要得到。

诚如张爱玲告诉人们的那样，对于男人来说，娶了红玫瑰，久而久之，红的变成墙上的一抹蚊子血，白的还是窗前明月光；娶了白玫瑰，白的便是黏在衣服上的一粒饭粒子，红的却是心口上的一颗朱砂痣。

对于女人来说，选择爱情，久而久之，便哀叹贫贱夫妻的苦与愁，羡慕他人富余的生活与幸福；选择了面包，久而久之，又心心念念美好纯洁的爱情，感叹无爱人生的凄苦。一些人因为不甘，心中满是蠢蠢欲动；因为心有欲念，便不再抵御诱惑，甚至主动寻找刺激。

当然，有些人之所以出轨，就是纯粹喜欢婚外寻找刺激而已。

心理学家马斯洛认为，一个调皮捣蛋鬼所做的一切恶作剧，都是为了引起父母或者他人的注意，他宁可被痛打一顿，也不愿被忽视。在孩子身上是这样，在大人身上也是这样，出轨、暧昧就是这些人的恶作剧。

做这些事情时，人们是感性的，渴望满足自己的情绪和欲望。因为他们厌倦了平淡，所以任由自己释放情感，并且沉醉其中。因为感性，所以他们喜欢刻意寻找刺激，享受被发现或不被发现的愉悦。

还有些人婚外找刺激只是为了得到另类的性满足，或是各种场合下的即兴一夜情。不管男人还是女人，很多人认为婚姻内的性爱单调乏味，所以才会追逐婚姻之外的性。

对于晓晓来说，面对大辉的背叛、出轨，应该如何去做呢？是挽救还是离开？无论晓晓做出哪种选择都是正确的，关键在于她选择的依据是什么。

通常来说，男人都是理性动物，冲动之后会慢慢让自己回归理智和冷静；喜欢跟着性情走，婚外之情只是抱着寻找刺激心态的冒险。当然，凡事都有一个例外，有些男人是真的动了情，回归理智和冷静之后依旧认定对方是"真爱"。

若是大辉属于前者，晓晓无论是为了孩子和家庭，还是对大辉仍存有爱意，都值得挽救；如果大辉属于后者，晓晓就真的要慎重决定了，最好是放手，然后为自己争取最大的利益。毕竟留住了人也留不住心，勉强不仅无法让自己幸福，反而让自己和孩子陷入痛苦的深渊。

其实，无论对方的婚外情属于哪种情况，我们都要保持冷静，最起码要强迫自己冷静下来再做出选择。没错，坚持理性和冷静很辛苦，不如肆意地发泄情绪、痛快地给对方"好看"来得过瘾，但这样做的结果是好的，有利于自己。

◆ 如何察觉伴侣深深隐藏的背叛行为

人们常说，一个人在针对爱人出轨时的智商堪比福尔摩斯，其实反过来也一样。出轨者在掩饰自己出轨时的智商也不低，仿佛顿时生出"超级大脑"。

但是，任何不寻常的行为都会露出端倪，但凡我们细心一些，留意对方的一举一动、微表情、微动作，便可发现其隐藏很深的背叛行为。

王梦不是一个神经大条的女人，平时做什么都比较细心，因此她发现了丈夫江平近期的行为有些异常。

之前，江平喜欢玩游戏、刷短视频，基本上吃完晚饭就手机不离手。不过，只要王梦想看他的手机，或是拿他的手机打个电话，他都会痛快地答应。即便正在玩游戏，他也只是小小地抱怨几句，然后就直接把手机递过来。

然而，现在却不一样了。江平喜欢蹲厕所看手机，一看就是20多分钟；王梦想要看他的手机，他开始躲躲闪闪不愿意给；手机密码也被修改，说是避免孩子玩游戏；接打电话也是特意避开，不是到阳台就是走出家门……

王梦感觉不对劲，怀疑江平可能出轨了。于是，她开始更细心地观察，果然发现江平有了很大改变。之前，江平不注重穿衣打扮，虽然每天都整得干净整洁，但是对于衣服、头发的要求不高——买衣服只求舒服就好，头发也只是稍微打理一下。现在，他变得讲究起来，买衣服开始看品牌、款式，而且一天换一套，平时不用化妆品、不喷香水，现在都用上了。

王梦旁敲侧击地询问江平为什么开始注重形象，他则说是因为升职了，作为领导就应该注重形象、提高品位，否则难以让下属信服。同时，江平变得越来越忙碌，时常加班、应酬，每天都很晚回家，有时还说加班太晚就在公司凑合一下。最近，一周两三次地和同事、客户或朋友应酬，回家之后就全身沐浴。

王梦心中有了想法，但还是不敢相信，只能找朋友玲玲出主意。玲玲听了王梦的陈述，也跟她有同样的猜测。

为了证实这种猜测，玲玲让王梦观察江平是否存在以下三个问题：

首先，看江平对性生活的需求是否正常。通常，男人对于性爱的需求总比女人来得直接，即便长期生活在一起也会有一定的需求和规律。如果江平在这方面变得不主动，草草应付，或是拒绝王梦的主动，肯定就有问题——要么是身体出现了问题，要么是已经出轨。非此即彼。

对于这一点，王梦确实疏忽了。自从孩子出生后，两人就分房间而睡。因为生产后导致雌性激素减弱，再加上每天带孩子非常疲惫，她对于性爱的需求比较少，这就导致了她和江平的性生活频率大大减少。正因如此，她才没有发现江平是否有异常。

其次，看看江平是否过于重视隐私，不让王梦碰他的手机、公文包，不喜欢王梦到公司找他，还要查看江平的微信、短信、QQ 等社交媒体，看他是否把聊天记录都删除得干干净净。

通常，人们有删除聊天记录、通话记录的习惯，但绝不会每天每时每刻都在删除，也不会删除得那么干净。不然，里面肯定有不想让别人看到的秘密。

最后，看江平是否刻意疏远。很多人一旦萌生出轨的想法，或是已经发生出轨的事实，就会疏远另一半，与对方保持一定的距离：一是为了避免被发现破绽，二是对对方已经厌倦。

听从玲玲的建议后，王梦开始更加细心地观察江平，并且进行有意无意地试探。果真，江平存在以上三个问题。而且，王梦还发现江平总是心不在焉，不管自己还是孩子跟他说话，他都时常所答非所问。

王梦心中有了答案，开始质问江平。一开始，江平矢口否认，说王梦就是在胡思乱想。当王梦把这些发现都指出来时，江平不得不承认了事实，然后恳求王梦原谅他，说自己只是一时糊涂，说王梦有了孩子就开始忽视他，又说自己是受了对方的迷惑才做错事。

最后，江平希望王梦为了孩子着想，为了这个家不被破坏，能够给自己一个改过自新的机会。

王梦一时也不知道怎么办，不原谅他，孩子小小年纪就失去爸爸，可能会受到严重的心灵伤害；可是原谅他，又觉得过不了自己这一关，之后很难再信任江平。

经过一番挣扎，王梦还是决定离婚。

我们不说王梦的选择是对是错，毕竟人与人的性格不同，思考问题的角度也不一样。有的人选择原谅，这可以理解；有的人选择离开，这也值得肯定。关键在于，经营婚姻的过程中，我们应该时时保持着清醒、理智，这才能及时察觉到伴侣深深隐藏的背叛行为。

尽早察觉伴侣的一些异常行为，发现伴侣与他人有一丝丝暧昧、出轨的苗头，聪明地敲打、不动声色地挽回，把它扼杀在萌芽阶段，自然可以皆大欢喜。就算伴侣开始有了婚外之情，婚姻真的出现危机，及时察觉、证实和找到证据，对于我们过后处理这件事来说也是有利的。

所以，如果不想成为被蒙在鼓里的受害者，或是别人都知晓你的伴侣出了轨，只有你自己还傻乎乎地认为婚姻美满的话，你就应该时刻保持更细心一些。

当然，除了上述的一些迹象，你还可以留意以下细节：

伴侣的消费观念发生很大改变，消费数额急剧增加，或是消费领域不断扩大，你却不知道他/她把钱花在哪里。

伴侣突然变得在节日里无惊喜，即便在你的生日、结婚纪念日也没有一束花、一块蛋糕；所谓无风不起浪，伴侣突然开始制造一些节日惊喜，不仅准备各种礼物，还会说一些甜言蜜语哄你开心。

对你产生不满，变得非常挑剔，甚至无理取闹、没事找茬儿。

在你不知道的情况下拥有两部手机，或是两个微信、QQ等社交账号。

从不讨论出轨、第三者的话题，看到婚外情的影视剧就刻意回避。

有了新的爱好，如爬山、游泳、打羽毛球。

……

总之，无论是多善于说谎的人，无论是隐藏多深的行为，只要做了亏心事，就会露出蛛丝马迹。我们没有必要总是疑神疑鬼、风声鹤唳，但也需要该敏感的时候就敏感。这是对婚姻的维护，也是对自己的保护。

◆ 离婚，也需要做好充足的准备

李艾是名全职太太，从来没有踏入职场，因为她大学毕业就嫁给了杨滨。

他们结婚后，杨滨和几个朋友共同创业，而李艾在决定找份工作时意外怀孕了。杨滨见自己的事业发展得很不错，生活上没有经济压力，就让李艾当起全职太太，这一当就是十多年。

前不久，李艾发现杨滨经常不回家，理由是加班、出差，对她也越来越冷淡。为此，她曾数次质问杨滨为何对她冷淡，杨滨总是以"工作太累，只想着多休息"这样的话来打发她。

杨滨的种种反常，让李艾有了不好的预感。一天，杨滨又以加班为由不回家，李艾去了他的公司，发现他根本没有加班。

隔天，杨滨回到家后，她没有质问他为什么骗她，而是在他一离开家时就跟踪了他。这让她发现杨滨出轨了。

李艾接受不了杨滨的背叛行为，跟他大吵一架并提出离婚，但杨滨坚决不同意。李艾退而求其次，让杨滨回归家庭。杨滨嘴上答应得很好，但实际上并没有做到。之后，李艾又跟杨滨大吵大闹了几次。

一次，杨滨被吵得不耐烦，就冷冷地对李艾说："就算我们要离婚，你也得不到一点儿好处。我们名下有两套房产，一套是你父母在婚后赠予我们两人的，就算离婚，我也能分一半房产；一套是我婚前贷款购买的，就算婚后你曾用私房钱帮我还贷了几年，但离婚后依然属于我的个人财产。公司从头到尾都是我在经营，你没有投入一分钱、一分精力，离婚后你分不到一分钱。你这么多年没有工作，跟我离婚后，你有能力养活自己和孩子吗？你好好想想吧！"

杨滨说完后，摔门离开了家。李艾则感觉天旋地转，好似前方的路一片黑暗。之后，李艾妥协了，但她的妥协换来的却是杨滨的变本加厉，如杨滨在家时不再遮掩自己的出轨行为，精神上对李艾施加冷暴力，经济上把钱抓得死死的。

这样的生活让李艾感到窒息，精神状态越来越萎靡。李艾的朋友发现她的状态非常糟糕，忍不住询问李艾怎么了。李艾承受的压力实在太大了，就向朋友哭诉自己的遭遇。

李艾的遭遇让朋友很是气愤，也被杨滨的无耻言行震惊到了。她再三确定李艾是真的想离婚后，便告诉她："在财产分割上，你不能听丈夫的一面之词。我们生活在法治国家，《婚姻法》中有明确的财产分割法。"

之后，李艾在朋友的陪伴下前往了律师事务所。

现实中，很多人有着与李艾类似的遭遇，明明被背叛的是自己，但因为对生活的妥协不得不委曲求全。就像李艾，她担心离婚后得不到一分财产，担心自己没有经济能力养活自己和孩子，就算对杨滨没有爱了也选择向他妥协，继续过着名存实亡的婚姻。

然而，很多时候，我们的委曲求全并没有换来对方的怜惜，得到的反而是精神和身体上变本加厉的摧残。

当婚姻里没有了爱，没有了回旋的余地时，纠缠下去得到的只有痛苦。与其如此，不如果断抽身，重新开始自己的生活。

离婚的时候，我们首先要面对的是财产分割问题。就像李艾，作为一名全职太太，如果跟丈夫离婚真的分不到一分财产吗？其实，不是的。

新《婚姻法》规定：在房产方面，如果婚前贷款买房写的是一个人的名字，婚后房产确实归个人所有。但是，如果有证据证明婚后一方曾帮忙还贷，就能够得到相应的补偿。父母给子女婚后买房，房子不再被认定为赠予夫妻二人的，而是归子女所有。

所以，李艾真要离婚的话，父母给她婚后买的房子属于她个人，杨滨无法分到一半房产。杨滨婚前贷款购买的房子，她不能获得一半房产，但是能够证明曾帮忙还贷过，就能够得到一定的补偿。

在钱财分割上，并非如杨滨所说李艾分不到一分钱。相反，她分到的会比丈夫多得多。新《婚姻法》规定：婚后财产为夫妻共同财产；离婚财产的分割优先照顾无过错方；婚内出轨属于大错，可向出轨方申请赔偿。所以，作为无过错方的李艾，她能够分到大部分的财产。

李艾见过律师之后，她不再忐忑不安。在朋友的帮助下，她一方面处理离婚事宜，一方面为自己离婚后的生活做准备。

其实，无论是打算离婚还是正在离婚，都需要为离婚做好充足的准备。我们除了要了解财产分割、孩子抚养权等问题如何处理外，也要为离婚后的生活做好准备——离婚意味着生活将发生翻天覆地的变化，如果没有足够的准备去面对，将会被现实压得喘不过气。

那么，我们需要为离婚后的生活做好哪些准备呢？

没有离婚前，家庭经济由夫妻二人承担，离婚后就要独自一人扛起家庭收支。所以，要做好经济独立的准备，迎接经济上给予的巨大压力。当然，也要做好生活方式转变的准备。没有离婚前，夫妻二人可以互相依靠另一半来解决生活中的事情，如孩子上学让对方接送，但是离婚后就需要独自承担照顾孩子的重任，适应生活方式出现的各种转变。

最重要的一点，就是保持乐观阳光的心态，做好再婚的准备。

虽然前一段婚姻生活以不好的结局而落幕，但你不能因此不相信爱情与婚姻，应保持乐观、健康的心态，遇到合适的人时不要畏惧婚姻。你要相信自己很优秀，依然能够获得幸福。

◆ "同归于尽"式的纠缠，到底毁了谁

李云发现丈夫陈南好像有出轨的迹象，顿时感觉整个世界都崩塌了。

事情是这样的。一天晚饭后，李云想给父母打电话，女儿恰好用自己的手机查看作业，于是就用陈南的手机打，没想到收到了一条言语暧昧的微信。

李云翻看了聊天记录，发现这人是丈夫的女同事，两人时常聊工作、聊生活。这本没有什么，可是李云发现两人每天的微信有数十条，而且早上会互道早安，晚上也会互道晚安。那位女同事会分享自己的高兴事、烦心事，丈夫也会诉说生活或工作中的烦恼。

李云不敢相信陈南会背叛自己，因为这些年来两人的感情一直不错，陈南在家里家外都是好丈夫、好爸爸的角色。

抱着一线希望，李云开始试探陈南，说周末一起去看电影，好好地浪漫一番。结果陈南的兴致不高，说周末可能加班；李云的生日要到了，她希望陈南给自己买束花，他却说没有必要搞这些花里胡哨的东西——之前，不用李云提议，陈南都会主动安排一些有情趣的活动。

李云受到很大的打击，内心从不敢相信到怀疑，再到气愤、悲伤。回顾这些年的婚姻生活，两个人有激情、有浪漫、有温馨，她不明白陈南为什么会背叛自己。回想当初自己本可以升职有个好前途，但是为了照顾家庭、孩子，她不惜选择不升职，甚至还被调到非重要岗位。此时，她痛恨陈南竟然会对不起自己！

李云越想越伤心，越咽不下这口气。但是为了孩子，她选择冷静下来，心想：若是陈南没有实质性的出轨行为，他能有所悔改，自己可以再给他一次机会。于是，她去找陈南摊牌，希望他能好好认错、改错。

令李云没有想到的是，陈南竟然说："其实，我对你已经没了感情，我们离婚吧！虽然我没有做对不起你的事情，但是我觉得我们既然不再相爱，就应该早点分开，这对你我都不是一件坏事。"

李云仿佛挨了当头一棒，愤怒地说："你是不是出轨了，跟那个女同事？"

陈南冷静地说："你不要瞎想，我们之间没有什么……"

李云的情绪更加激动，说："我都看见你们的聊天记录了，没有什么，会早晚问好，说那么多暧昧的话？你当我是傻子吗？"

陈南继续否认："不管你信不信，我们一直都是发乎情、止乎礼的。因为我们还没有离婚，所以我绝不会做出对不起你的事情。"之后他不再解释，但是坚决要跟李云离婚。

明眼人都看得出来，陈南是精神出轨了，虽然没有和女同事发生关系，但是却爱上了对方。对于婚姻来说，这也是最致命的。对于这一点，李云自然心如明镜。现在，她已经失去了理智，心中暗想：你想离婚，我绝不会让你如意！

接下来，她动不动就跟陈南争吵，每天都指责他"不知廉耻""背叛婚姻"。同时，她还加上那位女同事的微信，不断地发送辱骂对方的话语。被那位女同事拉黑后，她多次闹到陈南的单位，向对方领导揭发他们"搞婚外情"，闹得陈南和女同事不敢再出现在办公室。

即便如此，李云还是心有不甘，又把陈南和女同事的事情挂在微博、短视频上，让网友指责和抨击两人。最终，陈南不得不辞职，每天只能躲在家里不敢出门。那位女同事也离开了这座城市，让李云再也找不到她。

李云胜利了，可是她快乐吗？不，她依旧沉浸在痛苦中。她的婚姻已经无法挽回，自己、孩子和家人也受到了严重的伤害——她的形象也被毁掉了，在公司混不下去不得不辞职；孩子每天被同学指指点点，被疏远、孤立，越来越孤独、自卑；家人则在邻居面前丢尽了脸，不知如何自处。

面对丈夫的背叛，李云失去理智，选择了"同归于尽"的纠缠方式，最后落得两败俱伤的结果。

固然，陈南精神出轨是这一切的起因，但是李云这种把自己变成"泼妇"，誓与对方"同归于尽"的方式真的不算明智。

李云可以选择不原谅，让对方吃苦头、受惩罚，毕竟她已经受到伤害，选择隐忍、退让不应该被提倡。她也可以理智地与丈夫谈判，找到对方出轨的证据，在离婚协议中为自己争取更多的利益。

事实上，新《婚姻法》的规定对李云很有利，作为无过错方，她可以在分配财产时占据优势，还可以向过错方要求赔偿。相反，如果李云指责、辱骂女同事的一些言论涉嫌侮辱他人人格、侵犯他人隐私权等，可能会给自己招来麻烦，甚至受到法律的制裁。

所以，被错误的人、错误的感情伤害了，无论男人还是女人，终究是一场噩梦。也许你无法忘记曾经的好，不甘心被背叛，但是还请克制自己的情绪，因为纠缠、哭闹没有任何意义，报复、同归于尽并不值得。

无论爱情还是婚姻，都是两个人的事情，当一方已经决定抽身离开后，另一方的纠缠只会让彼此身心俱疲，两败俱伤。倒不如潇洒离开，从此相忘于江湖，去寻找真正属于自己的幸福。

对于婚姻和爱情来说，一个人已经冷静地抽身离开，另一个却拼命纠缠，最后受伤的会是自己，被毁掉的也是自己。

最后，李云选择离婚，但此时的自己已经千疮百孔，失去继续寻找幸福的勇气。然后，看着那个自己曾经爱的人变得一无所有，失去了工作和尊严，她感到万分悲伤。直到这时，她才明白：报复一个人，原来真的无法让自己快乐。

何必要搞成这样呢？所以，任何时候，一个人都不能失去理智，肆意发泄自己的负面情绪。这对于自己没有任何帮助，也不能解决实质性问题。我们应该放弃执着，放弃不甘心。

其实，原谅对方，放过对方，就是在放过自己。

◆ 如果爱情未尽，如何挽救出轨的婚姻

与许多家庭里男主外、女主内的模式不同，雅琴和小苏是女主外、男主内。

雅琴的能力很强，在一家公司主管销售业务，为人八面玲珑，做事干净利索。小苏在一家培训机构做美术教师，平时的工作不算忙，清闲安逸，所以从结婚开始他就担负起照顾家庭的职责，是朋友口中的"二十四孝丈夫"。

小苏不觉得这样的婚姻模式有什么问题，对于雅琴的工作也非常支持，还时常开玩笑地说自己很幸运，娶到了既能赚钱养家又貌美如花的妻子。

不过，随着雅琴的事业越来越好，两人的差距越来越大，共同语言越来越少。雅琴说的是项目、客户，小苏说的是孩子、柴米油盐；雅琴想要情趣和浪漫，小苏想的则是踏踏实实过日子。就这样，一家人的日子既温暖和平静，又平淡和无趣。

雅琴在一次应酬活动中遇到了大学时的学长，学长非常优秀，是她当时的暗恋对象。看着依旧风度翩翩的学长，雅琴有些心动，但鉴于小苏和孩子的存在，她并未存有非分之想——她知道自己有着身为妻子和母亲的责任。

令雅琴没想到的是，学长竟然向她表示好感，还说在大学时期就觉得她与众不同，现在更是被她的成熟魅力所吸引。雅琴的内心非常慌乱，不知如何是好。

接下来的一段时间，雅琴时不时就会接受学长的邀请，两人一起看电影、喝咖啡，回忆大学的美好时光。一个醉人的夜晚，雅琴和学长看完电影后一起到河边漫步，彼此的情愫更加浓郁。但是，雅琴在关键时刻清醒了，没有让自己迈出那一步。之后，她的内心陷入纠结，一时劝诫自己不应背叛家庭，一时又不得不承认自己无法拒绝学长的情感纠葛。

当然，小苏察觉到了雅琴的异常，也发现了雅琴和学长的暧昧微信。

　　小苏没有愤怒地质问，也没有暗中跟踪调查，因为他知道这只会把雅琴推得更远，让她选择离开。这是他不愿意看到的，他爱雅琴，而且知道雅琴对自己也有感情，更爱孩子。

　　于是，小苏决定想办法挽回雅琴的心。他开始注重和雅琴沟通，了解她工作上的一些事情，分解她的压力和烦恼。同时，他尝试着让自己浪漫起来，时不时说一些"土味情话"，偶尔请雅琴看电影、听音乐会。

　　小苏不再满足于平淡、稳定的工作，不再把生活的压力放在雅琴肩上。因为熟悉培训机构的运作，自己有着非常强的教学能力，他开始筹办自己的美术画室，争取做出一些成绩。

　　雅琴看到小苏的变化，虽然有些不解，但乐在其中。她的心更倾向于小苏和家庭，刻意减少与学长见面的次数，并且尝试委婉地拒绝学长的一些邀请。

　　直到小苏给雅琴发了一段话，雅琴才真正坚决地拒绝了学长，结束了这一段不该有的情感。

　　这段话是这样写的：每个人都有迷茫的时候，你我都不例外。可我始终认为，迷茫之后的选择更重要。

　　我知道我不是最出色的男人，没有上进心、不浪漫、不善解人意……好在，你包容了我的缺点，让我成为最幸福的人。之后，我会继续改进，多分享你的喜怒哀乐，给你想要的情趣和浪漫，我相信我一定能做到。你相信我吗？

我爱你，这你知道；你也爱我，这我更知道。现在，你陷入了迷茫，我相信你能做出正确的选择，我和孩子在家里等你！我们一直爱你！

……

看完小苏的这段话，雅琴泪流满面。她没想到小苏知道了自己与学长的事情，也没有想到小苏竟然如此宽容地对待自己。回到家后，她愧疚地看着小苏，想说些什么，但是小苏没有让她开口，只是温柔地抱着她。

雅琴、小苏以及孩子继续着幸福的生活，而且比之前更幸福，因为两人都发生了很大的改变——小苏比之前更积极、幽默、浪漫，雅琴也比之前更顾家、温柔。重要的是，两人谁也没提过那件事，好像它从来没有发生一般。

正如小苏所说，婚姻中，无论男人还是女人都有迷茫的时候，都可能让自己的感情出轨。这时候，另一方的最好选择是保持冷静，用平和心态对待这件事。如果爱情已经消耗殆尽，彼此没有可留恋的，痛快地放手不失为一种好的选择；如果爱情还未耗尽，你还深爱着对方，对方也对你有情，就应该不动声色地挽回。

失去理智的纠缠，或是以牙还牙式的报复，都是加重悲剧、加深伤害的方式。这样做不但无法挽回彼此，反而使事情朝着最恶劣的方向发展。不给对方难堪，不头脑一热地胡闹，而是让对方看到你的爱、宽容，对方才有回心转意的可能性。

还需要特别注意：既然你选择挽回和原谅，就应该向小苏学习，之后绝口不再提那件事情。

如果你选择挽回但心有不甘，觉得心中仍扎着一根刺，平时对对方冷嘲热讽，一闹矛盾就把那件事情拿出来说，不再给予对方信任，对方一旦和异性接触就变得疑神疑鬼，那么心中的那根刺会越长越大、越扎越深，直到刺得双方遍体鳞伤。到那个时候，你们的婚姻很难再幸福，两人仅存的爱情也会在彼此折磨中消耗殆尽。

爱情或是说感情，永远是婚姻得以维系的基础。虽然对方犯了错，迷失了方向，但你只要给予对方宽容和谅解，唤回对方的爱情，就可以挽救婚姻出现的危机。

◆ 父母不幸福，孩子也跟着痛苦

崔颖和郝强是大学同学，两人都非常优秀，彼此吸引，相互爱慕，大学毕业后不久就步入了婚姻殿堂。

虽然在大城市打拼不容易，但是两人非常恩爱，为着梦想而努力，一起营造温馨、美好的家庭，平时只要有时间就去看电影、爬山、寻找心爱的美食……在幸福和甜蜜的生活中，他们在事业上也取得了不错的成绩，又迎来了自己的儿子，一家三口的生活充满欢笑和美好。

随着时间的推移，那份幸福和美好仿佛渐渐流逝。郝强当上了部门经理，工作越来越忙，时常应酬交际。再加上他本人长得很帅气，一些年轻女孩都投以欣赏、倾慕的目光，他的心有些飘飘然。崔颖也坐上了公司主管的位置，工作压力越来越大，还要照看儿子的生活起居，操心儿子的学习，她的情绪越来越糟糕。

此时，崔颖动不动就发脾气，指责郝强整天不顾家，根本不管儿子，还训斥儿子淘气顽皮、不好好学习，好像变了一个人。崔颖和郝强的争吵越来越多，有时还会摔东西。每次吵架之后，两人都会冷战几天，谁也不跟谁说话。

之后，郝强越来越不愿意回家，不愿意和崔颖交流。这时候，公司的一位"小迷妹"向郝强表达了好感。郝强拒绝了对方的好意，说"我有家庭，不能给你承诺"之类的话，却不拒绝"小迷妹"的各种示好和关心，甚至非常享受这种被崇拜、被仰慕的感觉。

都说女人的第六感最强大，崔颖很快就发现了郝强的不对劲，变得更加焦虑和情绪化。她经常因为一点儿小事就跟郝强吵架，动不动就查郝强的手机、行车记录仪……他们之间的争吵不断升级，矛盾持续累积，感情早就在争吵中消耗殆尽。即便不争吵，不发生冲突，两人在一起时也是相顾无言。

崔颖和郝强结婚 8 年多，儿子已经 7 岁，他们熬过了没钱、没房的日子，也度过了七年之痒，可是终究败给了时间和诱惑。

对于婚姻中存在的问题，他们一直是这么认为的：婚姻是两个人的事情，有爱就应该在一起，不爱就要分开；感情好时就甜甜蜜蜜的，感情失和难免会争吵不断。所以，两人不希望大人的矛盾波及孩子，希望能给孩子一个完整的家。

然而，他们忽视了一点：婚姻是大人的，但父母和孩子已经组成了家庭，一旦父母感情失和、不再相爱、不再亲密，甚至每天争吵不断，孩子的心也会带着伤，感觉到的只有痛苦和悲伤。

崔颖和郝强都没有注意到：当他们吵架时，儿子是眼里流泪、浑身颤抖的；当他们冷战时，儿子是沉默的、战战兢兢的。他没有任何安全感，做梦都是爸爸妈妈在吵架，爸爸妈妈不再爱自己了——在梦里，争吵的爸爸妈妈变成可怕的怪兽，面目狰狞地互相厮打着，虽然彼此都受了伤，可是谁也不肯退让。

之前，孩子很开朗、活泼，现在却很敏感、自卑：在家里，不敢大声说话，做什么事情都看爸爸妈妈的脸色；在学校，不再开心地笑，不愿和小朋友们一起玩耍，只愿意一个人待在角落里。

好在崔颖及时发现了儿子的异常。

那一次，崔颖发现郝强未在公司加班，而是和同事一起聚会，这些人中还有那个"小迷妹"。崔颖没有控制住自己的情绪，等郝强回到家后非要他解释和那个女孩是什么关系。争吵中，两人的嗓门都比较大，她突然发现儿子吓得躲在沙发一角，像个做错事的孩子，眼里流露出恐惧、无助和不安。

崔颖立即深吸一口气，来到儿子面前，抱着他说："儿子乖，不要害怕，妈妈不是在骂你……"这时候，儿子小心翼翼地说："妈妈，你不要和爸爸吵架了，好吗？"

儿子的反应让崔颖心疼不已，也开始反省自己。这些年来，她一直只顾自己的情绪，只关注与郝强的感情失和，却忽视了孩子的感受，以至于让孩子受到很大的伤害——大人的婚姻不幸福，受伤的不仅是他们自己，还有无辜的孩子。

崔颖想明白了，她不能让孩子在不幸的家庭中长大，不能给孩子的心灵深处留下永远无法愈合的伤痛。于是，她理智地找郝强交谈了一次，并且真诚地说："现在，我们之间有很多问题，里面有你的问题，当然也有我的问题。我不想再纠结了，为了儿子，我决定和你分开！"

最后，崔颖和郝强和平离婚，资产、车子和房子平分，儿子归崔颖抚养，郝强每个月都需要支付抚养费。同时，崔颖和郝强达成协议：每周日陪儿子一起玩，多关心和照顾儿子的心理健康。

崔颖还坦诚地对儿子说："虽然现在爸爸妈妈分开了，但我们永远是你的爸爸妈妈，永远都是爱你的！之后，爸爸妈妈不再争吵，会和睦地相处下去。"

幸运的是，崔颖的儿子得到了心理治愈，慢慢地恢复了之前的开朗和活泼。

然而，不幸的孩子却有很多，并且没有得到很好的治愈。因为父母不和，家庭关系紧张，这些孩子的内心滋生出强烈的不安感、恐惧感和无助感，不仅使得他们的童年蒙上阴影，而且直到长大成人仍无法摆脱原生家庭带给他们的痛。他们可能变得过于敏感，面对他人时小心翼翼；可能习惯委屈自己来讨好别人；可能不愿意相信他人，不再相信爱情和婚姻，甚至可能重蹈父母的不幸。

物理学上有个名词叫"低温烫伤"，也就是，父母不幸福的婚姻以及失和的感情，对于孩子来说就是一种"低温烫伤"。这种伤害很难被看到，却是孩子心中永远的痛，可能一生都无法治愈。

所以，我们要明白，父母的婚姻不幸福，遭受不幸的不仅仅是父母双方，还有他们的孩子；父母的感情失和，彼此折磨，更受折磨的是他们的孩子。

如果彼此还有感情，那就好好反思自己，冷静地处理问题，避免过分地争吵或冷战，给孩子创造一个温暖、幸福的家庭生活环境；如果你们的婚姻真的走到尽头，彼此之间只剩下争吵，那么不如早放手，冷静且和平地分开。

这对大人来说是解脱，对孩子来说则是救赎。